desaf!os

Samuel Murgel Branco

Biólogo e naturalista, foi professor titular de Saneamento e Ecologia Aplicada da Universidade de São Paulo. Como consultor internacional da OMS (Organização Mundial da Saúde), ministrou cursos em muitos países da América Latina. Após sua aposentadoria, passou a dedicar-se quase exclusivamente à produção de obras de divulgação científica voltadas ao Ensino Fundamental e Ensino Médio.

3ª edição
São Paulo, 2013
3ª impressão

MODERNA

1ª edição, 1990
2ª edição, 2002

COORDENAÇÃO EDITORIAL: Lisabeth Bansi
ASSISTÊNCIA EDITORIAL: Paula Coelho, Patrícia Capano Sanchez
PREPARAÇÃO DE TEXTO: Andreia Pereira
COORDENAÇÃO DE EDIÇÃO DE ARTE: Camila Fiorenza
DIAGRAMAÇÃO: Silvia Massaro, Cristina Uetake
CAPA: Caio Cardoso
IMAGENS DE CAPA: ©Micha Klootwijk/Shutterstock, ©Action Sports Photography/Shutterstock, ©Patrick Foto/Shutterstock, ©Alexander Raths/Shutterstock, ©Fedor Selivanov/Shutterstock
ILUSTRAÇÕES: Pablo Mayer
COORDENAÇÃO DE REVISÃO: Elaine C. Del Nero
REVISÃO: Nair Hitomi Kayo
PESQUISA ICONOGRÁFICA: Mariana Veloso Lima, Marcia Sato
CARTOGRAFIA: Anderson Andrade Pimentel
COORDENAÇÃO DE BUREAU: Américo Jesus
TRATAMENTO DE IMAGENS: Arleth Rodrigues
PRÉ-IMPRESSÃO: Alexandre Petreca, Everton L. de Oliveira Silva, Hélio P. de Souza Filho, Marcio Hideyuki Kamoto e Vitória Sousa
IMPRESSÃO E ACABAMENTO: PSP Digital
LOTE: 287101

Equipe do Instituto Samuel Murgel Branco (ISMB) que colaborou com a reformulação deste livro:
Equipe técnica: Mercia Regina Domingues Moretto, Fábio Cardinale Branco e Rosana Filomena Vazoller
Coordenação admistrativa: Vera Lúcia Martins Gomes de Souza, Célia Massako Onishi

Dados Internacionais de Catalogação na Publicação (CIP)
(Câmara Brasileira do Livro, SP, Brasil)

Branco, Samuel Murgel, 1930-2003.
Natureza e agroquímicos / Samuel Murgel Branco. –
3. ed. – São Paulo : Moderna, 2013. – (Coleção desafios)

ISBN 978-85-16-08482-0

1. Agroquímicos 2. Ecologia agrícola
3. Pesticidas – Toxicologia 4. Proteção ambiental
I. Título. II. Série.

13-07855 CDD-630.277

Índices para catálogo sistemático:
1. Agricultura ecológica 630.277

EDITORA MODERNA LTDA.
Rua Padre Adelino, 758 – Belenzinho
São Paulo – SP – Brasil – CEP 03303-904
Vendas e atendimento: Tel. (11) 2790-1300
www.modernaliteratura.com.br
2019

Impresso no Brasil

Ao agrônomo-idealista Paulo Henrique Murgel,
criador de uma valiosa opção natural e ecológica para a agricultura.

Sumário

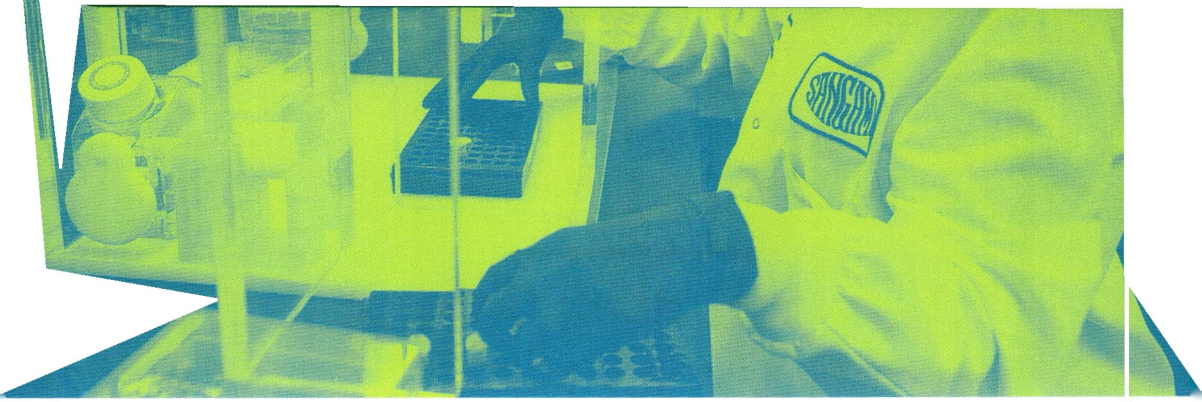

O MUNDO EM QUE VIVEMOS VEM SE tornando cada vez mais artificial. Isso quer dizer que, cada vez mais, abandonamos o que a natureza nos fornece e utilizamos artefatos mecânicos, sintéticos, eletrônicos ou químicos. Acontece que a natureza não aceita muitos desses artefatos, e assim ela vai sendo paulatinamente (e, às vezes, rapidamente) violentada, alterada, destruída.

Podemos até dizer que a natureza já é, hoje, uma natureza doente, vítima da intoxicação produzida por um sem-número de substâncias químicas inventadas, fabricadas e usadas largamente pelos seres humanos. Estes, além de criarem máquinas e outros meios de modificar os ambientes em que vivem, conseguiram *inventar* substâncias que antes não existiam na natureza. E é lógico que, se introduzirmos na nossa alimentação algumas substâncias a que o nosso organismo não está acostumado, ele vai rejeitá-las ou adoecer, intoxicado! Pois o mesmo ocorre com a natureza: substâncias estranhas a ela podem lhe fazer mal e até destruí-la.

Os *agroquímicos* — essas substâncias *sintéticas* — foram inventados com a melhor das intenções: a de destruir pragas e aumentar a produção dos vegetais de que nos alimentamos. Mas os seres humanos não lembram que as coisas que eles introduzem na natureza precisam ser depois destruídas ou *digeridas* pelos pequenos seres responsáveis pelo seu equilíbrio, caso contrário, podem causar indigestões, ou seja, grandes desequilíbrios que comprometem as suas funções e a sua existência normal. É disso que vamos tratar neste livro.

1. Um equilíbrio que não deve ser destruído

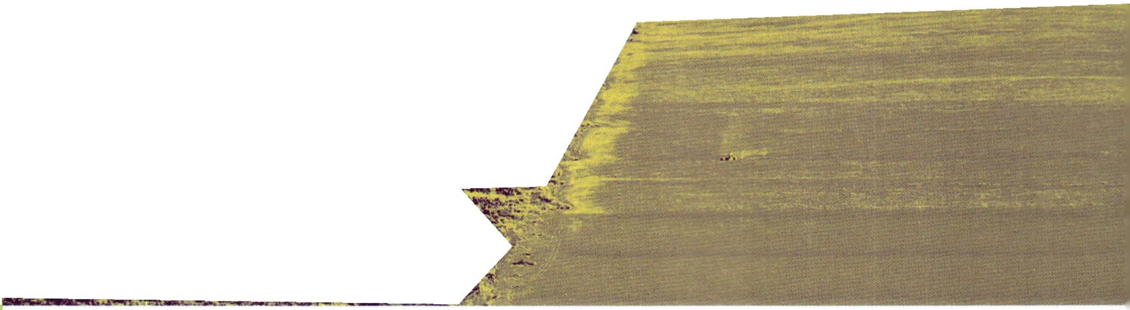

© Frontpage/Shutterstock

O SER HUMANO SEMPRE MEXEU com a natureza. É necessário que isso seja feito, pois ele depende muito das coisas vivas e não vivas que estão presentes no solo, nas matas, no mar. O ser humano, como qualquer animal, tem que se alimentar de vegetais ou de outros animais e de água. Além disso, ele precisa de lenha para seu fogão; precisa de alguns minerais, como o ferro, o alumínio, o cobre... e também de combustíveis que se encontram "enterrados", como o carvão, o petróleo, o gás natural!

Todos esses bens indispensáveis são chamados *recursos*, e, como é a natureza que os oferece, falamos em *recursos naturais*. Para obtermos esses recursos, somos obrigados a procurá-los, escavar o chão, derrubar matas, abrir estradas para seu transporte, enfim, modificar a natureza. Mas é importante que, ao fazê-lo, não se altere o *equilíbrio* da natureza. Pequenas alterações produzidas podem ser compensadas ou "consertadas" com o tempo. Contudo, as alterações que provocam desequilíbrios, por serem muito grandes e desordenadas, causam o que os especialistas chamam de *desastres ecológicos*.

Esses desastres não eram provocados pelos nossos antepassados — os indígenas. Estes se identificavam com a natureza, pertenciam a ela, muito mais do que o homem considerado "civilizado". O indígena faz parte do equilíbrio natural. Ele utiliza recursos sem destruir e, mesmo quando é obrigado a derrubar a mata

© Sergio Ranalli/Pulsar Imagens

© Fábio Colombini

As roças indígenas são pequenas e feitas sem remoção dos tocos das árvores derrubadas.

— para fazer sua roça —, ele derruba uma porção pequena e não arranca os tocos das árvores. Assim, quando alguns anos depois ele abandona aquela roça para mudar sua aldeia de lugar, a mata cresce de novo. Portanto, o equilíbrio da natureza continua existindo, não é desfeito.

Isso é possível porque as populações indígenas são muito rarefeitas, há poucos índios vivendo em grandes áreas naturais. Com a chegada da "civilização", entretanto, as coisas se modificaram. Grandes populações passaram a viver em territórios pequenos. Consequentemente, o alimento tornou-se escasso, bem como o combustível. Foi necessário produzir alimentos mais depressa, o que originou a agricultura, as máquinas agrícolas, a pecuária moderna, os sistemas de transportes para conduzir rapidamente o alimento de um lugar para outro. Surgiram as indústrias para produzir roupas, artigos domésticos, geladeiras, automóveis etc.

Não basta, porém, produzir mais alimentos à medida que crescem as populações; é preciso também descobrir meios de conservá-los. É necessário combater os micróbios que causam sua deterioração. Daí, a invenção da geladeira e dos processos de enlatamento. É preciso também combater as pragas da lavoura que destroem plantações, os carunchos e os fungos que arruínam os cereais nos armazéns. Passou-se, então, a inventar inseticidas e outros produtos químicos de ação cada vez mais rápida e eficiente. Muitos desses inseticidas têm sido também empregados no combate a insetos que transmitem doenças, como os mosquitos que propagam a *malária* ou a *dengue*.

Desmatamento praticado pelo homem "moderno" na Amazônia.

Esses compostos químicos, sendo estranhos à natureza, podem produzir alterações e desequilíbrios. Muitos deles são tóxicos não apenas aos insetos e pragas nocivas, mas também a outros seres que são úteis ou participam do processo de equilíbrio de que estamos falando. Dessa forma, a maneira pela qual o ser humano interfere no equilíbrio natural pode ser muito sutil, imprevisível, como quando ele emprega substâncias para combater as pragas da lavoura ou até quando usa fertilizantes ou adubos químicos para aumentar a produção agrícola.

Vamos ver uma situação real de desequilíbrio causado com a melhor das intenções:

Uma história real

Bornéu é uma grande ilha da Indonésia, localizada no Oceano Pacífico, mais ou menos entre a Austrália e a China e próxima a outras grandes ilhas, como Java e Sumatra. Seu clima é tropical, a vegetação é constituída de muitos coqueiros, e os nativos vivem em casas construídas de madeira, palha e folhas de coqueiros, mais ou menos semelhantes às habitações dos nativos que vivem aqui no Brasil e em outros países da América tropical.

Anderson Andrade Pimentel

No início da década de 1960, a Organização Mundial da Saúde (OMS), desejando combater os pernilongos que transmitiam a malária aos habitantes da ilha, decidiu fazer uma grande aplicação de inseticidas. Usando aviões e outros equipamentos, aplicou verdadeiras nuvens de DDT em todo o território, abrangendo matas, plantações, casas etc.

O primeiro resultado observado foi magnífico! Morreram, praticamente, todos os pernilongos da ilha, e seus habitantes viram-se livres não só da malária, mas também daquelas picadas incômodas que sofriam à noite, em suas casas, ou mesmo de dia, na sombra dos bosques. Mas... algumas coisas estranhas começaram a acontecer em todo o território de Bornéu...

Infelizmente, o DDT não matava apenas os pernilongos. Matava também outros insetos, como abelhas, besouros, baratas etc. Alguns desses não chegavam a morrer, mas ficavam meio tontos e incapazes de se esconder com rapidez quando atacados pelos... lagartos de Bornéu! Acontece que esses lagartos são grandes comedores desses insetos maiores — besouros e baratas — e agora, tendo alimento tão fácil de apanhar, fartaram-se de comê-los e... tiveram uma bela indigestão!

A verdade é que os lagartos não sabiam que aqueles insetos estavam envenenados... e, comendo-os, ficaram também meio paralisados, sem poder correr e, portanto, sem poder fugir dos... gatos! Desse modo, os gatos da ilha deixaram de perseguir os ratos e passaram a se alimentar de carne de lagarto. Naturalmente, carne envenenada... Cada lagarto, tendo comido centenas de insetos, já acumulava em seu corpo grande quantidade de DDT. Consequentemente, cada gato, comendo cinco ou dez lagartos, adquiria uma dosagem fatal e acabava morrendo...

É natural que, com a morte dos gatos, os ratos passassem a proliferar abundantemente. E Bornéu passou a sofrer de uma verdadeira invasão desses roedores. Alarmados, os técnicos da OMS providenciaram sem demora uma grande remessa de gatos para a ilha, restabelecendo rapidamente o controle da situação.

Mas... aí é que veio o pior: as casas dos nativos, construídas de ripas e palhas de coqueiro, começaram a cair! O assunto foi logo estudado pelos especialistas da OMS, que descobriram o seguinte: existe uma lagarta que se alimenta vorazmente de palha de coqueiro. Só que, normalmente, a população desse animal não era muito grande porque o lagarto de Bornéu não permitia: ele gostava muito de comer essas lagartas. Com o desaparecimento do lagarto, essas lagartas não tiveram mais limites à sua reprodução e passaram a comer toda a palha de coqueiro que encontravam pela frente!

A OMS optou por procurar nos continentes outro tipo de lagarto semelhante àquele de Bornéu e transportá-lo em grande número para a ilha.

Finalmente, conseguiu-se restabelecer o equilíbrio. Um equilíbrio que dependia das lagartas do coqueiro, que eram controladas pelos lagartos, que foram destruídos pelos gatos por causa do DDT aplicado para combater pernilongos que transmitiam a malária. Quem poderia imaginar uma relação entre a queda de casas e a malária?

Hoje são conhecidos inúmeros exemplos de desequilíbrios desse tipo causados pela aplicação de inseticidas e outros *praguicidas* em todo o mundo. Cada um deles permitiu descobrir algo mais sobre os efeitos secundários que o controle às pragas pode produzir, quando mal orientado.

2. Os inseticidas e a natureza

O SER HUMANO SEMPRE LUTOU contra os insetos. A variedade desses animais na natureza é incrivelmente grande — basta dizer que o número de espécies só de besouros é bem maior que o da totalidade de espécies conhecidas de vertebrados existentes no mundo! Além disso, os insetos proliferam muito. Uma rainha de um formigueiro de saúvas põe mais de 10 mil ovos por dia durante vários anos seguidos... Um simples formigueiro pode conter mais de 500 mil formigas!

Muitos insetos, como várias espécies de mosquitos e pernilongos, são nocivos, porque, ao sugar o sangue de pessoas e de animais, podem transmitir doenças. Outros, como moscas e baratas, invadem as casas à procura de comida, levando micróbios do lixo onde vivem para nossos alimentos e também provocando doenças. A grande maioria dos insetos, porém, vive de vegetais: comem folhas (lagartas, gafanhotos) e grãos (carunchos, formigas), ou penetram nos caules das plantas, onde colocam ovos, dos quais saem lagartas que perfuram a planta ou seus frutos.

Por essa razão, enormes quantidades de cereais e outros alimentos se perdem. Há mesmo quem diga que o ser humano come somente o que sobra da alimentação dos insetos. Se isso for verdade, então a destruição dos insetos pode reduzir muito o problema da fome em nosso planeta!

© Fábio Colombini

© Micha Klootwijk/Shutterstock

Imagine a quantidade de folhas que as formigas cortam a cada dia!

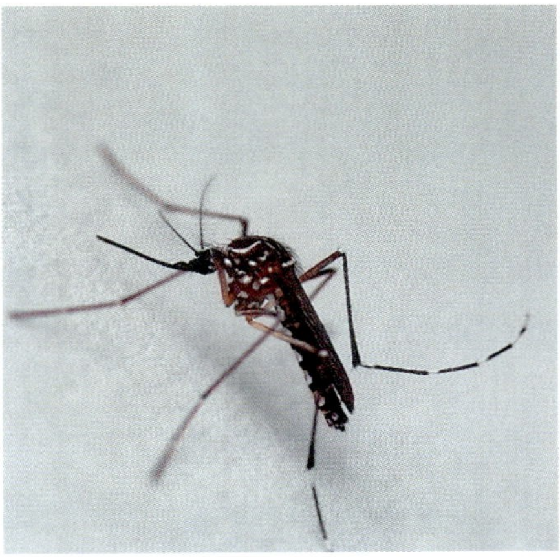
© Fábio Colombini

Os pernilongos transmitem malária, dengue etc.

© Fábio Colombini

As brocas (larvas de besouro) destroem a cana, o café e inúmeras espécies de árvores.

© André Gonçalves/Shutterstock

Os gafanhotos formam nuvens que chegam a esconder o Sol, escurecendo o dia. Eles devoram toda plantação que encontram.

Calcula-se que o prejuízo mundial com as perdas agrícolas causadas por insetos seja da ordem de dezenas de bilhões de dólares por ano. Isso sem contar a destruição de grãos provocada por insetos nos celeiros. Certa vez, calculou-se que, em um navio transportando 145 toneladas de milho, havia três toneladas de carunchos! Nos países tropicais chega-se a perder mais da metade dos cereais colhidos e armazenados por causa desses terríveis bichinhos...

Mas há também insetos úteis. As abelhas — de inúmeras espécies — produzem o mel, a cera, a geleia real... Os bichos-da-seda produzem a seda. Um grande número de insetos por sua vez destrói as espécies inimigas: as joaninhas comem pulgões; os louva-a-deus alimentam-se de gafanhotos; as pequenas vespas destroem as brocas; as grandes vespas se alimentam de outros insetos e até de aranhas!

Mas não é só isso. Alguns insetos também polinizam as flores, isto é, transportam grãos de pólen de uma flor para outra, sendo essa a única maneira de algumas árvores frutíferas serem fecundadas e assim produzirem seus frutos.

Se existem insetos nocivos e insetos benéficos e se os inseticidas não são capazes de distinguir os amigos dos inimigos, é necessário que se tenha um critério muito seguro para a aplicação desses tóxicos, de modo que se destrua o maior número possível de inimigos e se preserve o maior número possível de amigos!

Séculos atrás, os persas — povo que habitava o atual Irã — descobriram um fenômeno muito curioso. Às vezes, em volta de vasos de margaridinhas-do-campo aparecia grande número de insetos mortos. Baseados nessa observação, os persas começaram a fabricar extratos dessa planta, na forma líquida (a famosa fórmula que se generalizou no Brasil com o nome de *flitt*) e também em pó (o *pó-da-pérsia*), que eram usados para matar pulgas nas casas e nos cães...

Mais tarde descobriu-se que a margaridinha-do-campo e outras plantas semelhantes possuíam substâncias químicas altamente tóxicas aos insetos, isto é, *inseticidas naturais*. A ação dessas substâncias sobre os insetos é hoje mais ou menos conhecida: elas agem através da pele ou da "casca" do animal, atingindo as células nervosas e causando sua paralisia quase instantânea, seguida de morte. Trata-se, pois, de um inseticida *de contato*, isto é, que age por contato com a superfície do inseto, não sendo necessário o inseto comê-lo ou respirá-lo. Há, porém, outros inseticidas, como o ácido bórico, componente do famoso

© Cathy Keifer/Shutterstock

As lagartas podem dizimar as plantações de algodão.

© Daniel Heuclin/ Nature Picture Library/Other Images

Os barbeiros transmitem a terrível doença de Chagas.

© D. Kucharski K. Kucharska/Shutterstock

Os carunchos destroem os cereais.

© Daniel Prudek/Shutterstock

As abelhas produzem o mel, a cera e polinizam as flores.

© Renato Soares/Pulsar Imagens

Os louva-a-deus destroem os gafanhotos e outros insetos.

© Hiroshi Ogawa/Minden Picture/Latinstock

Algumas vespas destroem lagartas e larvas de outros insetos.

© Fábio Colombini

As joaninhas destroem o pulgão e a cochonilha.

© Fábio Colombini

Os bichos-da-seda produzem a seda.

© Fedor Selivanov/Shutterstock

Margaridinhas-do-campo.

"pó-azul", usado para matar baratas, que precisa ser comido pelo inseto e, por isso, é sempre misturado com açúcar.

Além dos inseticidas extraídos das margaridinhas, outros foram sendo descobertos, como os obtidos do *timbó* ou *tingui*. Essa planta é usada por nossos indígenas para capturar peixes nos rios ("tinguijar" os rios), pois seu veneno exerce efeito paralisante sobre esses animais.

Se, por um lado, esses princípios ativos originados de vegetais se caracterizam por um efeito fulminante sobre os insetos, por outro, padecem de um inconveniente, do ponto de vista comercial e de uso: são venenos facilmente destruídos, quer pelo ambiente físico natural (o oxigênio do ar, a luz etc.), quer por organismos ou micróbios que se alimentam dessas substâncias, obedecendo, assim, a uma lei na natureza, segundo a qual tudo o que é produzido naturalmente pelos seres vivos é também destruído por eles.

Da mesma forma, se um animal maior, um gato, por exemplo, comer algumas baratas que morreram envenenadas por um desses venenos naturais, ele não será envenenado: ou o veneno já foi destruído ou se destrói pela própria digestão do animal. A desvantagem, portanto, torna-se uma vantagem, do ponto de vista ecológico e de preservação das *cadeias alimentares*.

Entretanto, o que os pesquisadores sempre procuram é obter um composto que possa ser produzido em laboratório ou numa fábrica — não dependendo, portanto, da produção agrícola de uma pequena flor, sujeita a uma série de dificuldades e de pouca duração — e que também seja inofensivo à saúde humana, mas com a maior durabilidade possível no meio ambiente, isto é, uma vez aplicado, continua exercendo seu poder tóxico sobre os insetos durante muito tempo. Em outras palavras, um produto não sujeito à *biodegradação*, ou melhor, que não seja destruído pelos micróbios que causam a decomposição.

Os químicos que o criaram não consideraram que a produção e o uso generalizado de compostos desse tipo introduziriam em todo o meio ambiente do globo terrestre substâncias tóxicas mais difíceis de serem degradadas e eliminadas e que, assim, seriam acumuladas em quantidades cada vez maiores nos solos, nas matas e nas águas...

3. A descoberta do DDT

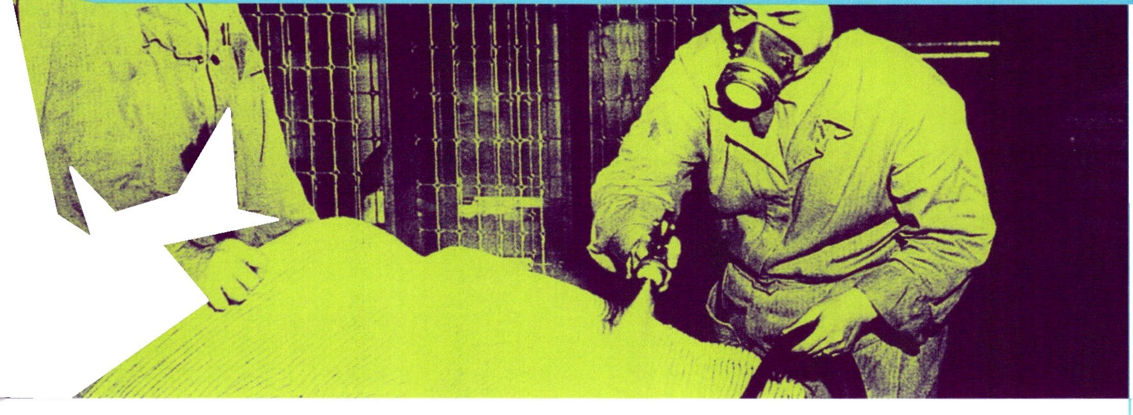

ANTIGAMENTE, AS SUBSTÂNCIAS QUE FAZEM parte dos seres vivos não eram objeto da química. Acreditava-se que só os seres vivos eram capazes de fabricá-las. Elas eram simplesmente denominadas *compostos orgânicos*, isto é, substâncias produzidas pelos organismos vivos. Sua composição era muito complicada, não podendo, geralmente, ser determinada — e nem pensar em produzi-las no laboratório!

Com o desenvolvimento da química, foi possível verificar dois fatos importantes:

1º) Com o emprego de técnicas especiais, os compostos orgânicos podem, sim, ser identificados em laboratório.

2º) Muitos dos compostos orgânicos produzidos pelos seres vivos podem ser também fabricados em laboratório. E mais do que isso: é possível *inventar* novos compostos orgânicos, isto é, compostos que não existem na natureza! São os chamados *compostos sintéticos*.

Esses novos compostos revelaram muitas propriedades e utilidades, e passaram a ser industrializados, isto é, produzidos em fábricas. Surgiram, assim, os inúmeros compostos sintéticos, em substituição aos compostos naturais, tais como a borracha sintética, os plásticos, as tintas e os solventes sintéticos, os detergentes e... os inseticidas sintéticos!

Soldados durante a Segunda Guerra Mundial lendo sobre os perigos do tifo, causado por piolhos.

Em 1874, um químico de Estrasburgo (cidade francesa que, naquela época, pertencia à Alemanha) sintetizou um novo composto orgânico, batizado com um nome complicado, porém muito conhecido de todos como DDT, como já nos referimos.

Entretanto, nenhuma utilidade prática foi descoberta para o DDT na época e, assim como muitos outros, esse novo composto ficou guardado nas prateleiras à espera de uma utilidade futura. A oportunidade veio durante a Segunda Guerra Mundial, quando, em 1939, um químico suíço descobriu que o DDT era um poderoso inseticida. Ele foi então utilizado pela primeira vez em 1943, para combater os piolhos que infestavam as tropas norte-americanas na Europa e que transmitiam uma perigosa doença chamada *tifo exantemático*.

Logo que terminou a guerra, em 1945, o novo inseticida sintético entrou em uso em todo o mundo, tanto para destruir os insetos domésticos quanto para combater as pragas da lavoura ou os mosquitos transmissores de malária e

Soldados pulverizando colchões com DDT para evitar infestação de piolhos e outros insetos.

outras doenças epidêmicas. Seu efeito era tão prolongado que, uma vez aplicado às paredes internas de uma casa, matava qualquer inseto que aí pousasse, mantendo essa ação por vários meses.

O DDT PERDE SEU EFEITO

O estrondoso sucesso do novo inseticida logo foi acompanhado de uma grande decepção: seu efeito fulminante sobre moscas, mosquitos, baratas e outros insetos nocivos começou a diminuir muito depressa. As donas de casa tinham a impressão, até, de que o produto vinha sendo falsificado, pois, a princípio, quando aplicado, ele matava todos os insetos de uma sala e agora ele matava apenas alguns. Com o passar do tempo, era cada vez menor o número de insetos que morriam com o emprego do DDT.

Não se tratava, porém, de falsificação. A explicação para esse fato reside num fenômeno chamado *resistência biológica*. A resistência biológica não decorre do fato — como muita gente pensa — de os insetos se acostumarem com a substância tóxica assim como uma pessoa pode acostumar-se a comer pimenta ou a correr por caminhos cada vez mais longos. O que acontece é algo bem diferente.

A resistência dos insetos aos inseticidas sintéticos pode ser bem entendida por meio de um exemplo muito simples: suponhamos que em um determinado lugar (uma lagoa, por exemplo) existisse grande quantidade de patos selvagens e que a maioria deles tivesse cor branca. Poderiam existir, aí, alguns patos pretos, mas esses seriam uma verdadeira raridade: um pato preto para cada mil ou mesmo dez mil patos brancos. Suponhamos ainda que a caça fosse permitida, mas com uma condição: os caçadores só poderiam matar patos brancos, sendo rigorosamente proibido caçar patos pretos. É fácil perceber que, se a cada ano fosse morto um enorme número de patos brancos, preservando-se os pretos, a população de patos brancos iria diminuir, enquanto os patos pretos, podendo usar para

Com a aplicação excessiva do DDT, os insetos resistentes não morriam em contato com o inseticida.

si todo o alimento que antes servia para todos, iriam reproduzir-se sem o risco de ser caçados. Isso levaria, em poucos anos, a uma inversão da situação anterior, isto é, teríamos grande número de patos pretos e raríssimos patos brancos!

Ocorre mais ou menos o mesmo com os insetos. Em toda a população de moscas, por exemplo, existem raríssimos exemplares que são imunes ao DDT, isto é, umas poucas moscas que, pela sua constituição, não morrem quando em contato com o inseticida. Ora, como todas as outras moscas (as *sensíveis* ao DDT) morrem, em várias gerações sucessivas teremos um número bem maior de moscas resistentes do que de moscas sensíveis. Finalmente, a aplicação do DDT só matará as raras moscas sensíveis que ainda existirem, enquanto a grande maioria, resistente, permanecerá viva, imune ao veneno!

É claro que esse fenômeno da resistência será tanto maior e mais rápido quanto mais frequentes e maiores forem as aplicações do inseticida. Assim, desde que o DDT "virou moda", em pouco tempo ele perdeu seu efeito. Os químicos então passaram a inventar novas fórmulas de inseticidas, como o BHC (hexaclorociclohexano) e muitos outros. Mas cada um deles foi originando o mesmo problema de resistência. Por fim, para resolver esse problema, decidiu-se misturar todos eles nas aplicações, pois o inseto resistente a um deles dificilmente seria resistente a dois ou três...

4. "Primavera Silenciosa"

© Julia Ivantsova/Shutterstock

EM 1962, A BIÓLOGA NORTE-AMERICANA Rachel Carson lançou um livro que iniciou uma verdadeira revolução na questão ambiental mundial. Com o título de *Primavera Silenciosa*, esse livro denunciava os efeitos altamente nocivos e alarmantes que os inseticidas, quando aplicados sem critério, podiam produzir sobre toda a natureza. O nome *Primavera Silenciosa* fora adotado para significar que, em consequência do uso indiscriminado dos inseticidas, os pássaros e outros animais iriam desaparecer dos bosques, das florestas e dos jardins. Assim, em vez de termos primaveras alegres e ruidosas, com o canto dos pássaros e movimento incessante de todos os animais construindo seus ninhos, passaríamos, em alguns anos, a ter o silêncio imperando nesses ambientes.

Várias histórias interessantes — e tristes — são contadas nesse livro, para exemplificar esse verdadeiro desastre ecológico que ameaça o mundo. Por exemplo, a história das aves do Lago Clear, nos Estados Unidos. Certa vez, no final da década de 1940, os técnicos norte-americanos resolveram usar uma pequena quantidade de um inseticida parecido com o DDT, chamado DDD, considerado menos tóxico aos animais de sangue quente, como as aves e os mamíferos.

O objetivo era destruir as larvas de um mosquito, que, embora não causasse qualquer dano, era incômodo aos pescadores que passavam os fins de semana às margens daquele belo lago da Califórnia. A quantidade aplicada foi mínima:

uma parte de inseticida para 70 milhões de partes de água, pouco mais de um centésimo de miligrama por litro. Seria como se despejássemos uma xícara de café do produto em uma grande piscina olímpica! Assim mesmo, essa pequena dosagem foi suficiente para destruir as larvas por alguns anos.

No entanto, o problema não foi resolvido em definitivo. Cinco anos depois foi necessária nova aplicação de DDD, agora em quantidade um pouco maior: uma parte de inseticida para 50 milhões de partes de água. No inverno daquele ano começaram a aparecer aves mortas no lago: eram mergulhões, aves do tamanho aproximado de um pato, que se alimentam de peixes. Mas ninguém suspeitou que houvesse alguma relação entre essas mortes e a aplicação de inseticidas em doses tão baixas.

Cerca de três anos depois foi feita uma última aplicação, também na dosagem de uma parte para 50 milhões... e mais mergulhões morreram! Então, resolveu-se fazer uma análise química da gordura desses animais, e — para surpresa geral — foi encontrado o DDD em doses de 1.600 partes por milhão! Um verdadeiro trabalho de detetive foi realizado pelos técnicos para descobrir como o inseticida, que fora aplicado em doses tão pequenas na água, pôde chegar a uma quantidade 80 mil vezes maior no corpo dos animais, causando sua morte. Essa minuciosa investigação levou a uma descoberta fantástica: o tóxico era acumulado em sua passagem pelas *cadeias alimentares* do lago! Vejamos como isso acontece.

O lago — assim como o oceano — é povoado por milhões e milhões de seres microscópicos denominados *algas*. Essas algas constituem a base da alimentação de todo o lago, pois outros organismos, também muito pequenos — os *protozoários* microscópicos —, alimentam-se dessas algas; por sua vez, os protozoários servem de alimento a seres um pouco maiores, os microcrustáceos, que alimentam caracóis e vermes, que, por sua vez, são comidos por pequenos peixes; os peixes maiores comem os menores, e os mergulhões comem os peixes maiores. Forma-se, assim, em todo o lago — como no mar — uma verdadeira cadeia ou corrente de organismos alimentando-se uns dos outros.

Descobriu-se que, no Lago Clear, as algas absorviam quantidades diminutas do inseticida, que se acumulavam no interior de suas células. Os animais microscópicos, ao comer várias algas, adquiriam o tóxico em quantidades ainda maiores; os animais um pouco maiores, ao comer muitos desses animais microscópicos, acumulavam mais, e assim por diante, até chegar às aves, as quais, alimentando-se de inúmeros peixes, acumulavam milhares de vezes as concentrações existentes nas algas.

Consequentemente, os belos mergulhões desapareceram por completo em toda a região. Os que sobreviveram não puderam mais reproduzir-se, pois — descobriu-se mais tarde — a fêmea que ingere inseticidas produz ovos com a casca muito enfraquecida, os quais se quebram facilmente com o peso da ave durante o choco... O uso excessivo e descontrolado desses inseticidas em todo o mundo fez com que, por meio das cadeias alimentares do oceano, até os ovos de pinguins na Antártida já contivessem pequenas quantidades de DDT!

O livro de Rachel Carson — como não podia deixar de ser — causou grande impacto sobre as pessoas, como também provocou uma reação contrária das indústrias de inseticidas, que tentaram, por todos os meios, desmentir os seus dados. Mas, pouco a pouco, começaram a aparecer novos resultados de análises e experiências feitas em todas as partes do mundo, e todos confirmaram a grande verdade: as pessoas estavam contaminando seu meio ambiente com substâncias tóxicas, que, uma vez aplicadas, não eram mais eliminadas da natureza; ao contrário, acumulavam-se, aumentando de concentração nos seres vivos, vegetais ou animais, e até mesmo no leite e em ovos, que constituem o alimento do ser humano. Aos poucos, a humanidade estava se envenenando...

Começaram, então, as proibições e as medidas de fiscalização quanto ao uso de inseticidas sintéticos, principalmente nas plantações e nos alimentos. E, mais importante ainda, o mundo começou a voltar sua atenção para uma série de outros problemas que a civilização vem criando, não só com a indústria química, mas também com outras formas de poluição e de degradação do meio ambiente mundial. Rachel Carson, com seu livro, havia desencadeado uma grande e nova série de preocupações para a humanidade: o "efeito primavera silenciosa".

Veja, no gráfico ao lado, um resumo de como tudo aconteceu.

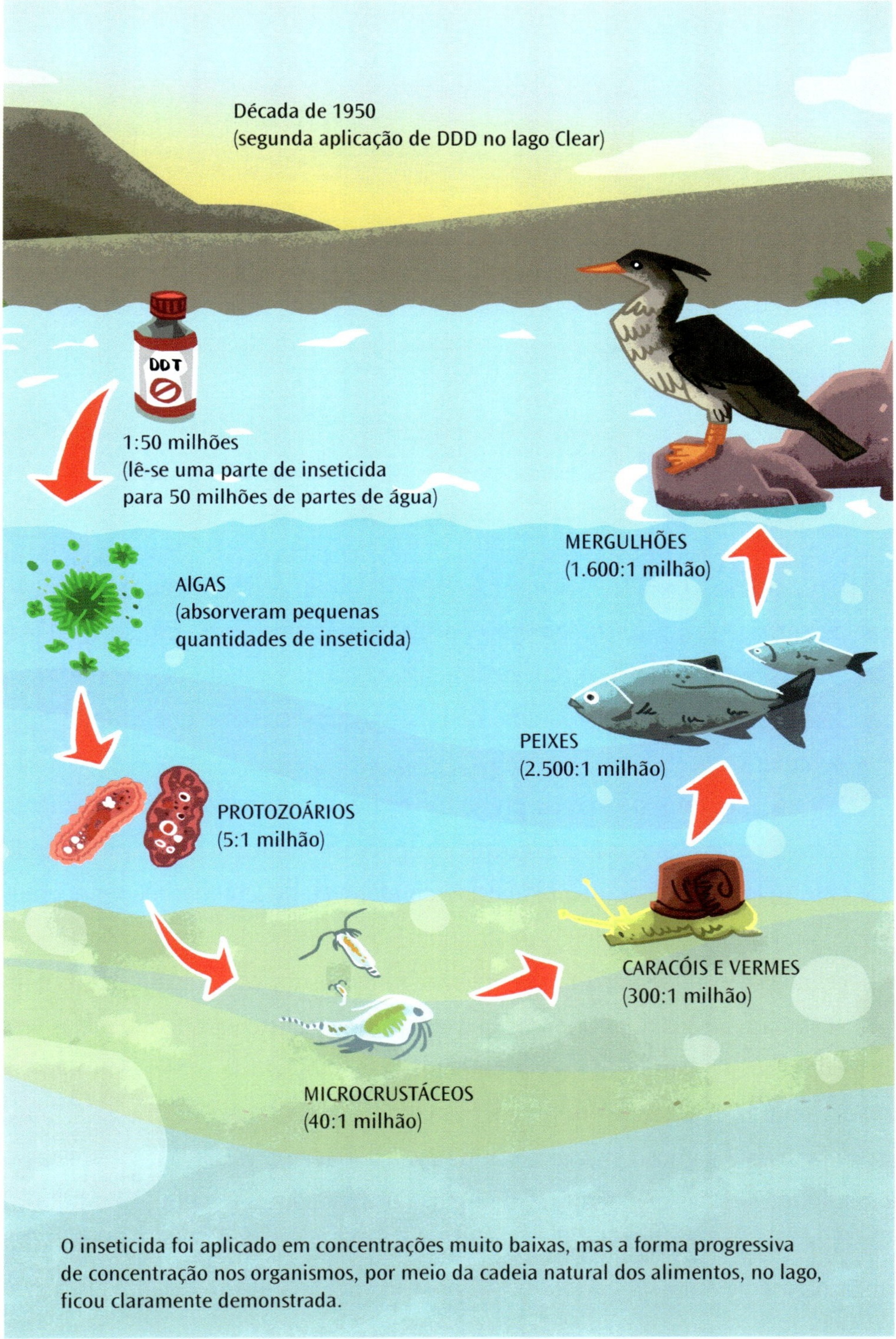

O inseticida foi aplicado em concentrações muito baixas, mas a forma progressiva de concentração nos organismos, por meio da cadeia natural dos alimentos, no lago, ficou claramente demonstrada.

© Pablo Mayer

5. A ecotoxicologia

UM TÓXICO É UMA SUBSTÂNCIA NATURAL ou artificial capaz de provocar perturbações no funcionamento normal do organismo de um ser vivo. Essas perturbações podem causar incômodos, enfraquecimento ou até mesmo a morte. Tóxico é, portanto, sinônimo de *veneno*, que é o termo que usamos mais habitualmente.

Desde que foram feitos os primeiros estudos dedicados ao conhecimento das doenças e suas causas (pelos gregos de épocas anteriores a Cristo; pelos médicos e primeiros químicos, ou *alquimistas*, da Idade Média, há mais de quinhentos anos), são conhecidos os efeitos de um número crescente de venenos. Por desconhecer a existência de micróbios (bactérias, fungos e outros patogênicos), os antigos atribuíam a causa das doenças quase sempre a substâncias tóxicas. Mas eles já reconheciam a importância fundamental da *quantidade* de veneno introduzida no organismo para produzir um determinado sintoma.

Paracelso, famoso médico e alquimista do século XV, dizia: "É apenas a quantidade que faz o veneno". Isso significa que, se, por um lado, os mais fortes venenos se tornam inofensivos quando muito diluídos, por outro, substâncias aparentemente inofensivas podem tornar-se tóxicas quando absorvidas em quantidades excessivas.

Vejamos alguns exemplos comuns. A *digitalina*, substância extraída de uma planta ornamental, de lindas flores e intenso perfume, conhecida como trombeteira, é um tóxico violento que pode causar a morte em poucos minutos por paralisia do coração. Entretanto, se for diluída em volume relativamente grande de água, ela se torna não só inofensiva como até um excelente remédio para alguns distúrbios circulatórios. Já o oxigênio, que ninguém considera um veneno, pois é indispensável à respiração, pode tornar-se um tóxico perigoso se não estiver diluído em uma proporção considerável de nitrogênio e outros gases, tal como se encontra no ar que respiramos.

© Photoseeker/Shutterstock

Trombeteira *(Digitalis purpurea)*, a planta produtora da digitalina.

Mas os inseticidas — e algumas outras substâncias sintéticas — apresentam, como já vimos, uma propriedade diferente em relação a outros tóxicos: eles são *cumulativos*, isto é, acumulam-se, aumentando de concentração em vez de se diluírem no ambiente. Já vimos o que aconteceu com o DDD no Lago Clear. Se fosse um tóxico comum, pela regra de Paracelso, ele ficaria cada vez mais diluído e, portanto, cada vez mais inofensivo ao espalhar-se na água. Entretanto, aconteceu exatamente o contrário: por meio das cadeias alimentares, ele foi se tornando cada vez mais concentrado.

Há um exemplo ainda mais triste. Numa aldeia de pescadores no Japão, uma indústria lançava clandestinamente pequenas doses de mercúrio no mar da Baía de Minamata. Pela quantidade de mercúrio lançada, em relação ao grande volume de água da baía, os donos da indústria julgavam que a diluição resultante tornaria o mercúrio completamente inofensivo aos peixes e camarões do mar.

Acontece que esse mercúrio entrou nas cadeias biológicas, alterando todas as características ecológicas da região: absorvido por bactérias do lodo do

O envenenamento dos pescados no mar de Minamata, Japão, provocado pelo lançamento de mercúrio por uma indústria, causou muitas mortes de seres humanos.

fundo do mar, o mercúrio foi transformado em um produto altamente tóxico. Esse produto foi absorvido por algas e outros organismos minúsculos do mar, iniciando-se, assim, aquela cadeia de acumulação, de modo que peixes, mariscos e camarões acabaram por conter concentrações altíssimas do veneno. Como os habitantes da aldeia se alimentavam de grandes quantidades de peixes e outros frutos do mar, muitos começaram a apresentar sintomas de uma terrível doença dos nervos que causa paralisias, cegueira e, finalmente, a morte.

Essas cadeias alimentares representam relações *ecológicas*, isto é, processos que ocorrem no ambiente natural dos seres vivos. Por isso, os tóxicos que sofrem acumulação e que se concentram em consequência dessas relações ecológicas passaram a ser denominados *ecotóxicos*, e a ciência que estuda esses fenômenos — uma ciência muito nova — chama-se *ecotoxicologia* ou *toxicologia ambiental*. Essa ciência se dedica ao estudo das transformações que certos tóxicos sofrem no meio ambiente e vem adquirindo cada vez maior importância, à medida que o número de ecotóxicos conhecidos e produzidos pela sociedade aumenta, em razão do desenvolvimento da indústria química de síntese.

SEM DÚVIDA, OS INSETICIDAS TÊM PRESTADO grandes serviços à humanidade. Em muitos lugares do mundo conseguiu-se produzir o dobro ou mais de alimentos, graças ao uso desses produtos químicos. Isso significa reduzir a fome mundial ou garantir a sobrevivência de um número crescente de habitantes no planeta.

Os novos inseticidas permitiram o mais eficiente combate de brocas, gafanhotos e outros destruidores de plantações; de carrapatos, bernes e outros seres que agridem o gado, transmitindo-lhe doenças e provocando a redução da produção de carne e leite; de carunchos e outros pequenos insetos que destroem os grãos de trigo, milho ou feijão nos celeiros. Além disso, conseguiu-se a quase total eliminação da malária em muitos países do mundo, prolongando a vida de seus povos.

Entretanto, a aparência milagrosa desses produtos levou as pessoas à ideia errônea de que eles poderiam resolver inúmeros problemas, dependendo apenas da aplicação de quantidades cada vez maiores. Começou-se a "banhar o mundo" com inseticidas. E, quando um falhava, por causa do fenômeno de resistência, usava-se outro. Em decorrência disso e do poder indestrutível desses compostos, os alimentos, as plantas, os animais, o leite das vacas, os ovos das galinhas e até mesmo o leite materno e as células de nosso corpo passaram a conter alguma quantidade de inseticidas. E assim também ocorreu com o solo, as águas e o ar que respiramos.

O ideal seria que os inseticidas só fossem tóxicos aos insetos, principalmente aos nocivos! Infelizmente, isso não acontece. Pelo menos até hoje, não se conseguiu produzir um composto que fosse altamente eficiente na destruição de pragas, mas completamente inofensivo aos outros seres vivos.

E o que é pior: os inseticidas destroem também os inimigos das pragas, que, portanto, são nossos amigos... Vamos a um exemplo: existe um grande número de minúsculas vespas que colocam seus ovos sobre taturanas e lagartas, que devoram plantas, e até sobre minúsculos pulgões, destruindo-os em grande quantidade, mantendo, assim, sua população sob controle. Ora, essas vespinhas são muito mais sensíveis aos inseticidas que as próprias pragas. Às vezes, as lagartas e larvas de besouros se acham protegidas, dentro do tronco ou do fruto, e não são atingidas pelo tóxico. Com isso, há inúmeros casos em que a aplicação dos inseticidas levou a um aumento das lagartas e dos pulgões, porque seus inimigos naturais acabaram sendo destruídos!

E o que dizer das lagartas úteis, como os bichos-da-seda, das vespas e moscas que se alimentam de outros insetos e da grande quantidade de abelhas que acabam morrendo ao recolher néctar e pólen de flores impregnadas de inseticidas?

© Action Sports Photography/Shutterstock

Aplicação de inseticidas por avião.

Há também um outro efeito nocivo que os inseticidas podem causar ao matar insetos: eles rompem as chamadas cadeias alimentares, de que já falamos. Muitos animais — como aranhas, sapos, rãs, lagartos, lagartixas — e muitas

© Fábio Colombini

© MindStorm/Shutterstock

Os inseticidas — e a consequente eliminação de insetos — podem provocar o desequilíbrio das cadeias alimentares e a redução drástica da polinização e da produção de frutos.

espécies de pássaros, de peixes, de morcegos e outros mamíferos alimentam-se exclusivamente de insetos. Assim, o desaparecimento de insetos em uma floresta provoca a interrupção dessas cadeias de alimentação e pode levar a um total desequilíbrio ecológico.

Já vimos que o número de insetos é muito grande e que eles representam uma fonte de alimento muito importante na natureza. Em alguns lugares do mundo, incluindo o Brasil, muitas pessoas se alimentam de formigas (as içás da saúva) e larvas de várias espécies de insetos! Com a aplicação indiscriminada de inseticidas, as cadeias alimentares se transformam em "cadeias de envenenamento", levando algumas espécies a morrer intoxicadas ou mesmo de fome!

As plantas também dependem dos insetos. Muitas árvores, arbustos e plantas rasteiras produzem flores coloridas e perfumadas, as quais atraem insetos, que, à procura do néctar, transportam os grãos de pólen de uma flor para outra da mesma espécie. A introdução do grão de pólen é indispensável para que a planta produza frutos e sementes, e, assim, se multiplique. O desaparecimento dos insetos leva, portanto, à redução da produção de frutos — o que é muito grave em um pomar — e até à eliminação de certas espécies de vegetais em determinados lugares.

Se pensarmos na ação dos inseticidas na natureza, verificaremos que seus efeitos podem ser preocupantes em diferentes situações e ambientes. Vejamos, por exemplo, o ambiente do solo.

O solo constitui um ambiente de intensa atividade biológica. Você já deve saber, por exemplo, que a ação das minhocas é um fator importantíssimo para a fertilidade da terra: elas cavam galerias que contribuem para maior penetração de ar e de água nas raízes das plantas, enterram folhas em decomposição, fornecendo elementos para a formação do solo, os quais adubam com seus excrementos.

Não são apenas as minhocas que vivem na terra e que contribuem para sua fertilidade. Há também seres microscópicos, como os fungos de inúmeras espécies, que vivem associados às raízes e que produzem elementos indispensáveis à alimentação, crescimento e defesa das árvores.

As bactérias também desenvolvem um trabalho importantíssimo na formação do solo. São elas que, junto com os fungos, causam a decomposição de folhas, ramos, animais mortos e todo o tipo de resíduos.

© Kokhanchikov/Shutterstock

Solo vivo: o solo fértil é povoado por milhões de seres microscópicos que produzem o húmus fertilizante.

Esses restos em decomposição formam o *húmus*, uma substância gelatinosa, de cor marrom-escura, que, além de "grudar" os grãozinhos de terra entre si, formando grumos maiores, ajuda também a "segurar" os compostos químicos nutritivos indispensáveis ao vegetal, como os nitratos e os fosfatos, pois impede que a água da chuva os arraste para longe. Trata-se de uma espécie de adubo natural, orgânico, que forma aquela terra preta, ou terra vegetal, muito usada em vasos, canteiros de flores, jardins e hortas.

Vimos que, na natureza, ocorre um equilíbrio entre diferentes organismos e formação de cadeias alimentares. No solo, particularmente, há bactérias, por exemplo, que recolhem nitrogênio do ar e o transformam em nitratos, que são absorvidos pelas raízes das plantas; há animais microscópicos que se alimentam de bactérias; há crustáceos, minúsculos insetos, vermes etc. que se alimentam uns dos outros. Existe, dessa forma, uma grande e rica comunidade subterrânea em atividade constante, em perfeito equilíbrio, que participa da formação de um solo rico e bem arejado, favorável ao desenvolvimento da vegetação em geral.

É claro que qualquer elemento que destrua alguns elos dessas cadeias, ou seja, que envenene ou cause a morte dos elementos vivos desse sistema, pode levar a profundas modificações do solo, tornando-o estéril, isto é, incapaz de sustentar a vegetação. Exemplos dessas ações destruidoras são o fogo, as enxurradas e os produtos químicos tóxicos.

ENVENENAMENTO DOS SERES HUMANOS

É evidente que substâncias químicas tóxicas a tão grande número de animais, dos mais diversos tipos, são nocivas também ao ser humano. Na verdade, são milhares os casos de envenenamento por inseticidas notificados todos os anos no mundo inteiro. Na maioria dos casos, trata-se de compostos fosforados, mas o BHC e o DDT também são responsáveis por muitos acidentes.

A causa mais frequente desses envenenamentos é a aplicação de inseticidas, por aspersão, sem os devidos cuidados. Como essas substâncias envenenam por simples contato, é necessário que a pele, os olhos e as vias respiratórias do agricultor sejam protegidos durante a aplicação. Essa proteção é feita com o uso de capas plásticas, botas e luvas de borracha, capacetes e máscaras especiais. Mas, em geral, o trabalhador do campo não gosta de usar essa vestimenta, principalmente em dias de muito calor, ou simplesmente não dispõem de vestimentas adequadas ou equipamentos de proteção.

É preciso lembrar que o calor aumenta muito o perigo, porque, quanto mais elevada for a temperatura, maior será a volatização e a dispersão de inseticida no ar. Assim, em um dia de forte calor, a quantidade de inseticida que permanece no ar após a aplicação poderá ser quase doze vezes maior que em dia com temperatura mais amena.

Os inseticidas podem ter ação cumulativa também no organismo humano, até atingir a dose tóxica, ou seja, a quantidade absorvida *a cada aplicação* vai se somando! Alguns inseticidas produzem uma ação tóxica aguda quando absorvidos pelo organismo humano na quantidade de 3 gramas, mas causarão o mesmo efeito se forem aplicados em várias doses de 0,3 grama. O DDT, que só produz efeitos agudos em dose de 169 gramas absorvida de uma só vez, poderá levar ao mesmo resultado — a intoxicação — se forem somadas várias doses de apenas 9 gramas! Para o rato, a dose mortal de DDT é de 25 miligramas por 100 gramas de peso. Mas, se aplicarmos no rato 0,1 miligrama de DDT durante sete a oito meses, o animal poderá morrer por distúrbios no fígado.

© Patrick Foto/Shutterstock

Essa é a vestimenta incorreta para aplicar inseticida no campo. O homem está sem máscaras e sem luvas.

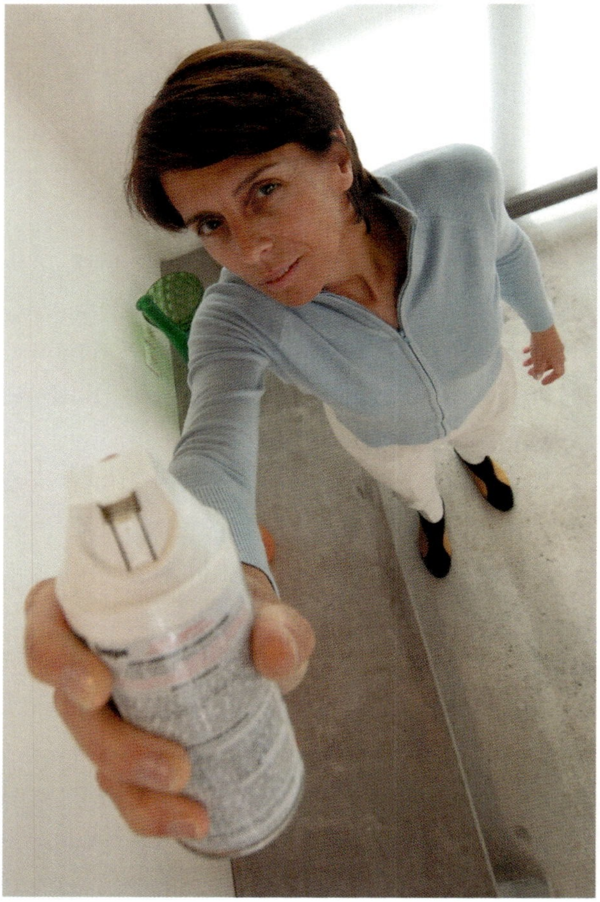

© Voisinphanie/Easypix

A aplicação de inseticidas num cômodo fechado, com pessoas dormindo — principalmente crianças —, constitui um alto risco.

Esse é o grande perigo, por exemplo, das aplicações diárias de certos inseticidas de longa permanência no quarto de dormir, à noite, ou para matar as moscas da sala, durante o dia. Por mais essa razão, os velhos inseticidas extraídos de plantas são preferíveis, pois, como já vimos, essas substâncias são rapidamente assimiladas, destruídas ou eliminadas pelo organismo humano. Mesmo assim, é sempre bom ventilar o quarto após sua aplicação.

Além da absorção direta de inseticidas pela pele ou pelas vias respiratórias, há também casos de intoxicação por ingestão de alimentos que contêm altas doses dessas substâncias. Já vimos como peixes e, principalmente, mexilhões, ostras e mariscos podem acumular altas quantidades de inseticidas e levar à intoxicação da pessoa que os comer. Naturalmente, isso dependerá da quantidade do inseticida ingerida de uma só vez ou do número de doses do veneno que forem se acumulando.

Existem, ainda, casos de intoxicação produzidos por vegetais, como frutas ou legumes, que foram tratados com quantidades exageradas de inseticidas ou com inseticidas inadequados, ou que sofreram aplicação desses em época errada — principalmente aqueles inseticidas que são absorvidos pela planta para destruir larvas ou "bichos de fruta". Esses inseticidas devem ser aplicados na época certa para que não restem vestígios do veneno quando os frutos estiverem maduros.

Um caso curioso — e triste pelos seus efeitos — é o de uma família do Nordeste que foi intoxicada (com alguns casos de morte) ao comer saúvas (içás) procedentes de formigueiros que haviam sido tratados com inseticidas.

7. O combate aos insetos. Como fazer?

SE, POR UM LADO, É MUITO IMPORTANTE combater os insetos, por outro, os inseticidas mais utilizados apresentam vários inconvenientes e sérios perigos. Então, o que fazer?

É necessário lembrar que a destruição total dos insetos não é possível nem desejável. Se os destruirmos completamente em regiões de alta produtividade vegetal, como são os países tropicais, outros seres aparecerão, no seu lugar, para consumir o alimento vegetal disponível. Surgirão fungos, bactérias, vermes, ratos etc. Essa é a lei da natureza, da qual não podemos fugir: tudo o que é por ela produzido tem que ser por ela destruído, transformado, reciclado. Passaríamos, então, a utilizar fungicidas para combater os fungos, bactericidas para as bactérias, vermicidas para os vermes, rodenticidas para ratos e outros roedores... e, assim, iríamos envenenando cada vez mais nosso ambiente e nossos alimentos.

É preciso lembrar também do fenômeno da resistência, de que já tratamos. À medida que as populações de insetos vão se tornando resistentes, somos obrigados a usar quantidades cada vez maiores desses venenos, contaminando tudo. Deve ser lembrada, ainda, a existência de insetos úteis, como as abelhas e os predadores (aqueles que destroem os insetos nocivos).

Com o emprego de quantidades cada vez maiores de inseticidas destruímos os predadores e, assim, protegemos os insetos nocivos. Atualmente já se

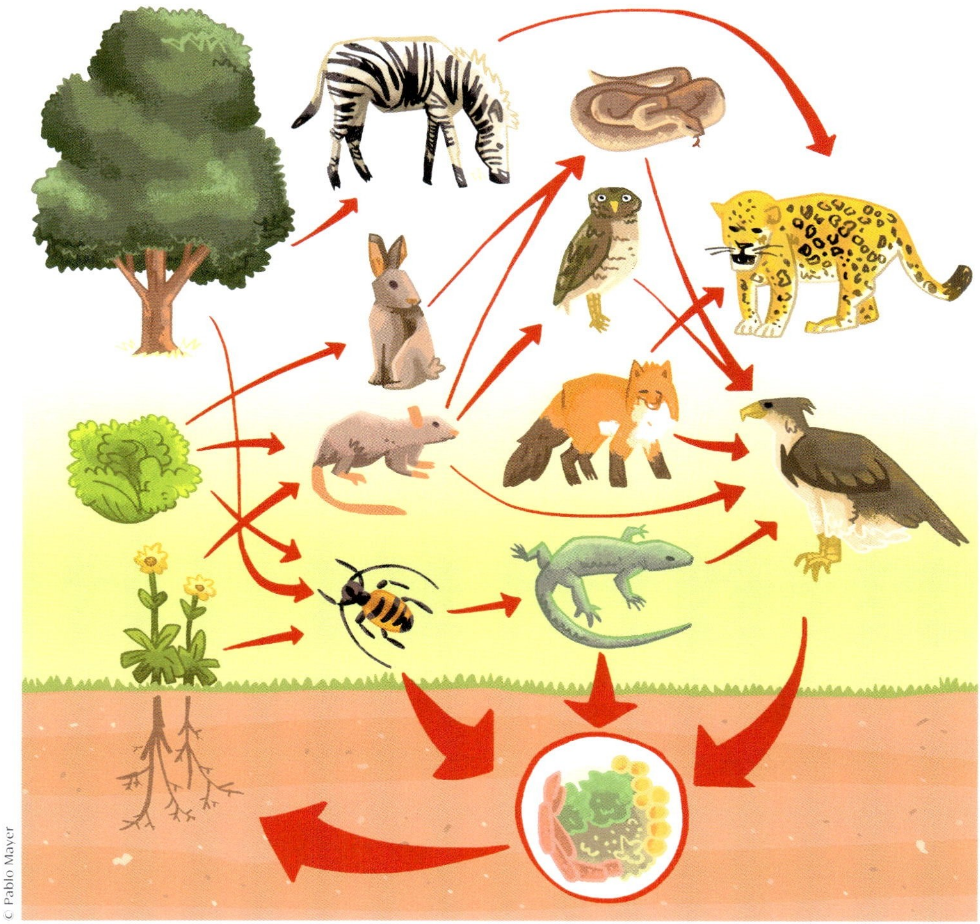

Cadeias alimentares na natureza: os tóxicos aplicados à lavoura podem seguir o mesmo ciclo, destruindo tanto os animais nocivos quanto seus predadores.

conhecem mais de quatrocentas espécies de insetos nocivos resistentes a alguns inseticidas. Embora muitos agricultores empreguem, hoje, doze vezes mais inseticidas do que há quarenta anos, as perdas causadas pelos insetos quase dobraram nesse período!

Portanto, é preciso controlar os insetos nocivos, impedir que eles se multipliquem demais, sem controle, formando superpopulações. É preciso mantê-los em *equilíbrio* com o meio ambiente, como todos os demais seres vivos que se encontram na natureza. Para isso é necessário: manter as populações de predadores; evitar as plantações muito grandes, constituídas de uma só variedade de plantas (pois os insetos nocivos geralmente atacam um só tipo e não apreciam outros); usar inseticidas específicos, que destruam só a variedade nociva de inseto;

aplicá-los em doses mínimas e nas épocas certas; utilizar iscas ou armadilhas que eliminem só os insetos nocivos.

Uma descoberta muito interessante, realizada há vários anos, que pode ser muito útil no controle de insetos, é a de que esses animais produzem substâncias denominadas *feromônios*, as quais atraem — pelo odor — os insetos do sexo oposto. Um cientista chamado Butenandt conseguiu produzir essa substância em laboratório e demonstrou que uma gota equivale à quantidade produzida por 200 milhões de insetos. Essas secreções são capazes de atrair outros insetos a vários quilômetros de distância. Além disso, os feromônios são altamente específicos: cada tipo de inseto produz uma variedade que atrai somente sua própria espécie. Se misturarmos, por exemplo, o feromônio da fêmea de um inseto parasita a uma certa quantidade de DDT e colocarmos essa mistura em lugares adequados, os machos virão de todas as partes e, entrando em contato com a mistura (pensando que se trata da fêmea), morrerão, impedindo que a espécie se reproduza!

Podem-se também cultivar em laboratório bactérias, vírus e fungos que sejam parasitas específicos da espécie de inseto que desejamos controlar. Atualmente, graças ao grande desenvolvimento da *engenharia genética*, em que se manipulam genes com a finalidade de criar *novas espécies*, é possível desenvolver espécies capazes de parasitar somente os insetos que desejarmos! Vamos ver uma história aparentemente estranha, mas muito curiosa, com resultado eficiente:

As joaninhas da Austrália

Há muitos anos os limoeiros e laranjeiras do estado da Califórnia, nos Estados Unidos, começaram a ser atacados por cochonilhas-das-laranjeiras, o que causou enormes perdas na produção de frutos na região. Os inseticidas existentes na época eram praticamente inofensivos a esses insetos, os quais produzem verdadeiras carapaças de cera ou de outras substâncias que os protegem e dificultam a penetração do tóxico. Foi então formada, pelo governo, uma comissão de especialistas com a finalidade de achar uma solução para o grave problema.

Nessa comissão havia um biólogo que verificara que o tal inseto não era nativo dos Estados Unidos, mas havia sido introduzido pelas mudas ou frutos de laranjeiras trazidos da Austrália. Partindo do princípio de que, segundo as leis da natureza, toda praga tem um inimigo natural, um predador, ele concluiu que, no local de origem da praga, deveria ser encontrado também o predador capaz de controlá-la. Propôs, então, ao governo que o enviasse àquele país para estudar o processo de controle natural da cochonilha.

A princípio, os membros do governo não quiseram aceitar aquela sugestão tão esquisita. Preferiram procurar outras substâncias tóxicas que pudessem ser mais eficientes ou que tivessem maior poder de penetração. Mas, como todas as tentativas falhavam, acabaram se convencendo de que tal solução deveria ser tentada. E assim mandaram o biólogo à Austrália para estudar o controle natural da praga.

Após alguns meses na Austrália, o biólogo regressou aos Estados Unidos com um estranho carregamento: algumas caixas contendo vários casais de joaninhas! As joaninhas são pequeninos besouros de forma quase semiesférica que têm o nome científico de *Rodalia cardinalis* (talvez por causa de sua cor vermelha, como o hábito dos cardeais). Esses bichinhos são, na verdade, terríveis devoradores de cochonilhas e, assim, encontraram, nas laranjeiras da Califórnia, um ótimo lugar para viver, com comida à vontade... e a proteção do governo norte-americano!

As joaninhas resolveram o problema dos laranjais californianos, que vinham sendo dizimados pela cochonilha. Não extinguiram a praga (do contrário, não teriam mais o que comer e morreriam também), mas mantiveram-na "sob controle", de modo que não causasse grandes perdas às plantações. Dali, as joaninhas foram levadas para outros lugares do mundo e, até hoje, são usadas como o mais eficiente meio de controle de cochonilhas. É verdade que, em muitos lugares, as joaninhas têm sido destruídas pelo uso descontrolado de inseticidas e, nesses casos, a cochonilha "toma conta", pois é muito resistente aos tóxicos.

8. Agrotóxicos ou defensivos agrícolas?

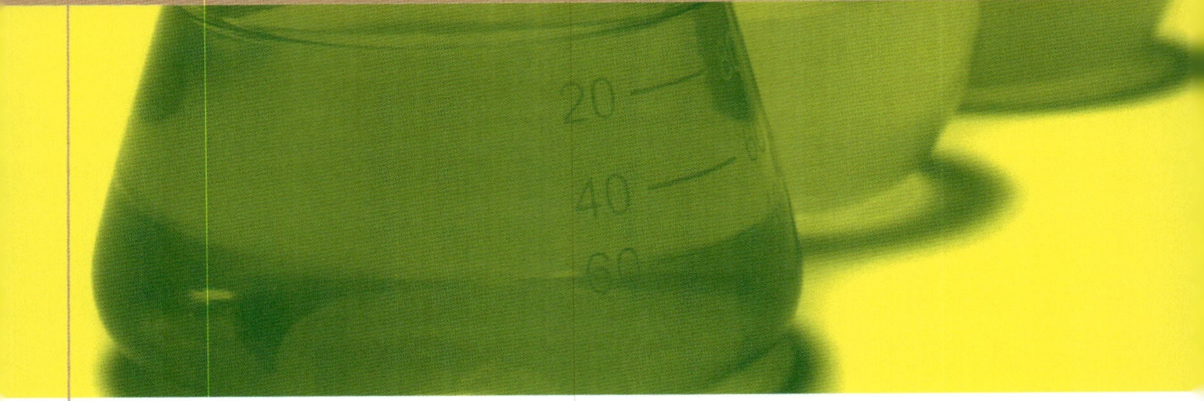

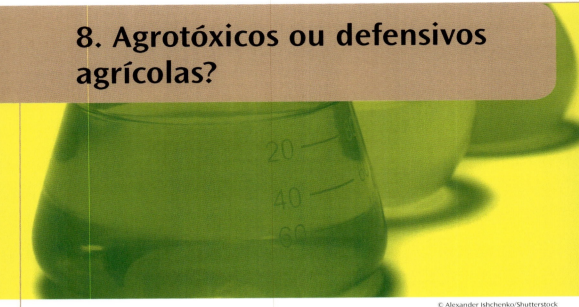

© Alexander Ishchenko/Shutterstock

NOMES É QUE NÃO FALTAM PARA ESSES produtos químicos que se usam na lavoura, no combate a insetos, fungos, carrapatos ou ervas daninhas. Além das denominações particulares de inseticidas, fungicidas, acaricidas ou herbicidas, foram criados vários nomes para reuni-los, e aí é que surgiram algumas brigas. Alguns adotaram a palavra inglesa *pesticides*, traduzindo-a para *pesticidas*, em português. Mas acontece que a palavra *pest*, em inglês, não tem o mesmo significado de *peste*, em português. Peste é o nome de uma doença transmitida pela pulga do rato, também chamada *peste bubônica*, e nada tem que ver com os problemas da lavoura; ao passo que *pest*, em inglês, significa *praga*. Então, alguns passaram a usar a palavra *praguicida*. Também são usados os termos *biocida* (o que mata seres vivos) ou *organicida* (o que mata organismos, isto é, seres vivos).

Os agrônomos preferem uma denominação mais claramente relacionada com a defesa dos vegetais e falam em *defensivos agrícolas* ou, ainda, *produtos fitossanitários*. Os toxicólogos, isto é, os especialistas em substâncias tóxicas, e, principalmente, os ecotoxicólogos, que se ocupam dos tóxicos introduzidos na natureza, criaram o termo *agrotóxicos* para designar todos os produtos tóxicos de uso agrícola.

Finalmente, existe ainda o termo *agroquímicos*, que compreende todos os compostos de ação tóxica utilizados no combate às pragas da lavoura e alguns compostos químicos não tóxicos, também de uso agrícola, como os adubos *sinté-*

ticos. Estes, embora não sejam tóxicos, contribuem igualmente para a produção de alterações nocivas no meio ambiente, como qualquer produto estranho introduzido na natureza.

O importante para nós, no momento, é saber que todos esses nomes possuem mais ou menos o mesmo significado, isto é, referem-se não somente aos inseticidas, mas a toda uma multidão de outros compostos químicos, em geral produtos sintéticos, que são aplicados nas lavouras, especialmente para o combate a pragas de diferentes tipos. Assim como os inseticidas, todos eles têm um lado benéfico: o de proteger os produtos agrícolas — e, portanto, nosso alimento — contra o ataque de vegetais ou animais nocivos. Mas também apresentam o mesmo grave defeito: alteram os ciclos biológicos, alterando o equilíbrio da natureza ou, ainda, agem como tóxicos perigosos ao ser humano e a outros animais.

OS HERBICIDAS

A diminuição paulatina da população que vive no campo, aliada à crescente busca por aumento de produtividade, levou à necessidade de aumento da mecanização (substituindo a enxada, com que se revolvia a terra, pelo trator ou "enxada mecânica") e também de uso de agroquímicos (substituindo a enxada, com que se "carpia o mato", pelo *herbicida* ou *mata-mato*).

Os herbicidas são venenos usados para combater ervas daninhas, isto é, espécies vegetais nativas que, mesmo não sendo plantadas, são capazes de brotar, a partir de sementes espalhadas pelo ar, ou por pássaros, ou que já existem no solo. Elas fazem parte daquele ambiente, com as características de clima e outros fatores que lhe são próprios. Assim, são muito mais resistentes do que as plantas que cultivamos, vindas de outras regiões, adaptadas a climas diferentes. E, quando o agricultor acrescenta fertilizantes ao solo, as ervas nativas crescem muito mais! Só que estas não interessam ao ser humano, pois não são comestíveis. É aí que se estabelece a luta do agricultor: destruir as espécies naturais da região para, em seu lugar, fazer crescer plantas estranhas, comestíveis.

Antigamente, o combate a essas ervas daninhas era feito com a enxada: o agricultor carpia, duas ou três vezes por ano, o capim, a tiririca ou outras plantas que teimavam em crescer no meio das plantações de café ou laranja, por exemplo, principalmente quando começavam as chuvas... Mas já vimos que a nossa civilização tende a usar cada vez menos mão de obra, substituindo a força humana pela máquina, valorizando cada vez mais o trator e os produtos químicos e apreciando cada vez menos o ser humano e seu trabalho braçal...

Como existem muitas espécies de ervas daninhas, são necessários tipos diferentes de herbicidas. Não é possível empregar-se um veneno de grande ação que mate plantas variadas, pois este mataria também o cafezal ou milharal, por exemplo, em que fosse aplicado. Dizemos, pois, que os herbicidas têm *ação específica*. Alguns são aplicados no próprio solo, para impedir a germinação das pequenas sementes; outros, sobre a planta já em crescimento, provocando sua morte.

Os primeiros herbicidas usados eram compostos à base de uma substância extremamente venenosa, o arsênico. Eram utilizados também óleo *diesel*, clorato de sódio e outros, mas todos eram de ação muito ampla, isto é, esterilizavam o solo, não deixando crescer nenhum tipo de planta.

Somente a partir de 1935 é que começaram a aparecer os primeiros herbicidas sintéticos, e, a partir de 1944, os herbicidas de composição semelhante a de certos *hormônios de crescimento* produzidos pelos vegetais.

Os hormônios são compostos naturais que orientam o crescimento da planta, fazendo desenvolver mais ou menos este ou aquele órgão, esta ou aquela célula. Imaginem uma grande quantidade de hormônios espalhada por todas as partes de um vegetal: o resultado vai ser um caos completo! A planta se desorganiza, cresce onde não devia, não cresce onde devia; formam-se tumores por excesso de proliferação de células; há consumo excessivo de reservas de alimentos e, ao mesmo tempo, diminuição do processo de fotossíntese, enfim uma confusão! Seria o mesmo que trocarmos os milhares de fios elétricos que comandam o sistema automático do metrô... Esse herbicida é usado em plantas de “folhas largas”.

Vieram depois outros compostos orgânicos sintéticos, que atrapalhavam a fotossíntese, fazendo amarelar as plantas. Eram, porém, pouco seletivos. A estes seguiram-se muitos outros, cada qual aplicado em uma situação particular, para combater determinados tipos de ervas daninhas.

Naturalmente, o uso desses tóxicos, assim como dos inseticidas, começou a provocar desequilíbrios na natureza. Os ventos, as chuvas, os rios começaram a “espalhar” os herbicidas, e estes, principalmente os de mais longa duração, começaram a invadir territórios onde não haviam sido aplicados.

9. A Guerra do Vietnã e os desfolhantes

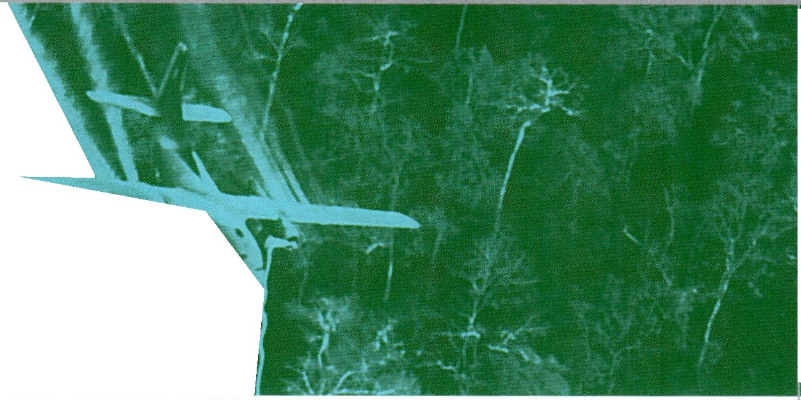

NOS ANOS DE 1954 A 1975 OCORREU uma guerra terrível no Vietnã, um pequeno país ao sudoeste da China. O país dividiu-se em duas metades: o Vietnã do Norte, apoiado pelos soviéticos e pelos chineses; e o Vietnã do Sul, fortemente armado pelos norte-americanos, que para lá enviaram milhares de soldados (cerca de 55 mil destes lá ficaram, vitimados pela sangrenta luta). Nessa guerra foram usadas as armas e os métodos de destruição mais modernos e eficazes de que se dispunha na época...

Mas o que tem que ver a Guerra do Vietnã com os herbicidas?

Por incrível que pareça, tem muito que ver! Entre os "modernos métodos de destruição" foi empregado um herbicida que ficou conhecido como *agente-laranja*, cuja ação imediata consiste em fazer cair as folhas das árvores atingidas.

Esses herbicidas *desfolhantes* foram largamente empregados pelos norte-americanos, para "fins táticos", ou melhor, para dificultar a formação de esconderijos dos guerrilheiros vietnamitas nas florestas. Para isso lançavam, por aviões, nuvens do agente-laranja para que as árvores perdessem sua folhagem. Com a floresta desfolhada, os guerrilheiros então não poderiam atacar os soldados norte-americanos de surpresa.

Várias aplicações desse herbicida foram feitas, no Vietnã, entre 1962 e 1971. Cada floresta recebeu uma, duas ou mais aplicações, que causaram a desfolhação e a morte da maior parte das árvores, numa área de mais de 15 mil quilômetros quadrados. Os especialistas calculam que essas florestas levarão cem anos para se recuperar. Mas esse não foi o pior efeito do uso desse herbicida. Muito mais grave foi a ação do tóxico sobre os habitantes daquele país: depois de aplicado, o agente-laranja era transportado pelas águas da chuva, em direção aos rios e ao mar, contaminando suas águas, sua flora e sua fauna. As mulheres que então bebiam a água dos rios ou comiam animais contaminados começaram a ter filhos prematuros ou com sérios problemas congênitos.

© Bettmann/Corbis/Latinstock

Aplicação de desfolhantes no Vietnã, em 1968.

Apesar de sua comprovada nocividade, em 1982 foi elaborado um projeto aqui, no Brasil, que autorizava a pulverização do agente-laranja, de avião, numa área de mais de mil quilômetros quadrados da floresta Amazônica, a fim de destruir as árvores do local onde foi construída a represa de Tucuruí, no rio Tocantins. Felizmente, a Secretaria Especial do Meio Ambiente (SEMA), órgão da época que deu origem ao atual Ministério do Meio Ambiente (MMA), não permitiu que isso fosse feito. Já pensou o que poderia acontecer com as populações que moram às margens do rio Tocantins e que bebem sua água e comem seus peixes?

A utilização de desfolhantes tóxicos para fins bélicos constitui um grave exemplo do mau uso da ciência, que deve visar ao benefício da humanidade, e não à sua destruição. Essa foi uma das modalidades da chamada *guerra química* — que hoje a maioria dos países procura banir e combater —, a qual consiste no uso de certos tóxicos, seja na forma de gases, seja na forma de venenos, introduzidos nos alimentos ou na água das cidades.

Existe hoje na ONU (Organização das Nações Unidas) uma Comissão especial para fiscalização da produção de armas químicas e biológicas, cuja aplicação é condenada rigorosamente por consistir em *crime contra a humanidade*. Entretanto, essa comissão não tem poderes suficientes para desempenhar a sua importante missão, e muitos países que continuam a produzir essas armas não se submetem à sua fiscalização.

Esses países empregam cientistas que, em vez de procurar desenvolver novos remédios para a cura de doenças como o câncer ou a aids, que tanto afligem a humanidade, usam o seu saber para desenvolver produtos de destruição, que provocam mortes e o nascimento de crianças com problemas físicos ou mentais. Ou, ainda, em lugar de descobrir métodos que permitam a eliminação de micróbios causadores de doenças, procuram, ao contrário, fortificar e reproduzir os piores desses micróbios para produzir doenças incuráveis nos países inimigos!

A pesquisa científica deve visar sempre ao bem-estar e nunca à destruição dos povos.

10. Os efeitos dos herbicidas

MUITAS ERVAS DANINHAS APRESENTAM resistência à ação dos herbicidas, de maneira semelhante ao que acontece com os insetos, quando combatidos com inseticidas sintéticos. Mais de trinta espécies de vegetais que desenvolveram resistência são conhecidas hoje. Isso leva ao aumento cada vez maior da quantidade de herbicidas a ser aplicada, o que significa a introdução progressiva de substâncias tóxicas no ambiente e nos vegetais que comemos. Além disso, o ataque com herbicidas favorece o desenvolvimento de certos parasitas, como fungos e vírus, que causam mais estragos à plantação do que as ervas daninhas.

Alguns herbicidas são decompostos e desaparecem do solo em cerca de um mês. Outros, porém, permanecem no solo por muitos meses ou até mais de um ano e meio.

A sensibilidade de diferentes tipos de animais aos herbicidas é variável, isto é, alguns podem ser intoxicados com pequenas doses, ao passo que outros resistem mais ao veneno. O 2,4-D, por exemplo, é muito tóxico às joaninhas. Já as abelhas são muito menos sensíveis a esse tóxico, assim como a outros herbicidas. Entretanto, elas são altamente sensíveis aos herbicidas arsenicais. Além disso, os herbicidas de modo geral causam danos indiretos às abelhas, pois eliminam as flores de onde elas retiram o néctar com que produzem o mel.

O mesmo acontece com outros pequenos animais. As minhocas, por exemplo, são muito resistentes ao 2,4-D, mas sensíveis a outros herbicidas. Isso significa que a aplicação descontrolada desses herbicidas pode provocar a redução da fertilidade do solo por destruir as minhocas, que realizam seu precioso trabalho de revolvimento, aeração e adubação do solo!

Nas regiões onde herbicidas são aplicados em larga escala, tem ocorrido sensível redução nas populações de animais selvagens, em decorrência das quebras das cadeias alimentares e de outros tipos de desequilíbrio que esses tóxicos causam nos vegetais dos campos, bosques e florestas.

© IP/Glow Images

Herbicidas podem reduzir a fertilidade do solo ao destruir minhocas e micro-organismos formadores de húmus.

Um outro efeito nocivo completamente inesperado consiste na alteração da composição química de plantas usadas como pasto para o gado. Têm sido observados, por exemplo, aumentos perigosos das concentrações de algumas substâncias altamente tóxicas em capins e no sorgo, utilizados para alimentar vacas.

Finalmente, muitos estudos têm sido realizados para testar o efeito dos herbicidas sobre os micróbios que habitam o solo. Já sabemos que muitos micro-organismos trabalham ativamente no solo, sendo responsáveis pela decomposição dos restos vegetais e animais, como folhas, troncos mortos, excrementos de animais e lixo em geral, transformando-os em húmus e adubos. Além disso, muitas bactérias e fungos trabalham continuamente para recolher nitrogênio do ar, fósforo das rochas e outros elementos químicos essenciais aos vegetais, transformando-os em compostos que possam ser assimilados pelas plantas. A destruição desses micro-organismos ocasiona, portanto, enorme redução na fertilidade dos solos, com grande decréscimo no desenvolvimento das plantas.

As pesquisas têm demonstrado que alguns desses herbicidas (ou quase todos) provocam efeitos nocivos temporários sobre o desenvolvimento das principais *bactérias nitrificadoras* do solo (bactérias que retiram nitrogênio do ar e o fornecem às plantas), com exceção daquelas que vivem no interior das raízes das leguminosas — ou seja, das plantas que produzem vagens ou favas, como o feijão, a ervilha — e de muitas árvores de médio e grande porte. Já os fungos são geralmente mais resistentes aos herbicidas.

A aplicação de *fungicidas*, isto é, substâncias químicas para o controle de fungos parasitas de frutos, também constitui um problema para animais e vegetais. O fungicida clássico é o *sulfato de cobre*, uma substância azul, que é misturada à cal, formando a *calda bordalesa*, muito usada para pulverizar figos, uvas e outras frutas. O principal problema causado pelo sulfato de cobre relaciona-se com a morte de peixes, quando as chuvas levam esse composto químico para os rios. Mas isso é quase nada, comparado com a ação de outros compostos sintéticos orgânicos que têm sido empregados em diversas partes do mundo.

Uma doença denominada *porfiria túrcica* já provocou a morte de centenas de pessoas só na Turquia. Ela é causada pela ingestão de trigo tratado com certos tipos de venenos usados para combater fungos parasitas das sementes. Essas substâncias — tal como o DDD, no exemplo do Lago Clear — podem também

© Alistair Scott/Shutterstock

Plantação de uva sendo pulverizada com fungicida (sulfato de cobre). Este homem não está usando proteção para o corpo, o rosto e as mãos. Está prejudicando sua própria saúde.

acumular-se no organismo dos seres vivos, chegando a quantidades até 10 mil vezes maiores que a inicialmente aplicada! São compostos praticamente indestrutíveis, que contaminam o solo, os rios e o mar, entrando nas cadeias alimentares. Quando encontrados no leite materno, podem intoxicar os bebês ou mesmo provocar a sua morte antes dos 2 anos de idade!

NEBLINAS VENENOSAS

Há mais de um século, em Londres, descobriu-se que as neblinas ou nevoeiros podiam ser venenosos. Foi nessa localidade, frequentemente mergulhada em nevoeiros espessos, que se iniciaram, no século XVIII, as atividades industriais, com máquinas movidas a vapor, cujas caldeiras eram aquecidas a carvão mineral. As partículas de carbono e outros compostos químicos existentes na fumaça do carvão, misturados às gotículas de água da neblina, formam o que os ingleses chamam de *smog*, mistura de *smoke* (fumaça) com *fog* (neblina). Em português poderíamos chamar essa mistura de "fublina"...

Quando o *smog* é formado somente de água e partículas de fuligem, ele pode apenas tingir de preto as paredes e os objetos por onde passa. O problema é quando essas gotículas de neblina passam a conter as substâncias tóxicas já existentes nas fumaças ou formadas por reações químicas que se dão dentro das gotículas, sob ação da luz solar. Ácido sulfúrico e ácido nítrico são os resultados mais frequentes dessas reações. Ora, uma neblina que contém esses ácidos torna-se corrosiva, provocando grandes estragos em estátuas de mármore, na pintura das casas, no metal dos automóveis, "queimando" a vegetação ou intoxicando o solo e os seres vivos em geral.

A famosa neblina (*fog*) de Londres.

Esses são os *smogs* que se formam nas grandes cidades a partir dos resíduos lançados pelas chaminés das fábricas ou pelos escapamentos dos automóveis e ônibus. Entretanto, há também neblinas venenosas nos campos, onde não existem indústrias nem grande quantidade de veículos. Alguns estudos, realizados em áreas rurais dos Estados Unidos, revelaram que os nevoeiros, nessas regiões, contêm altas concentrações de inseticidas e herbicidas.

Nada menos que dezesseis compostos tóxicos, compreendendo vários inseticidas e herbicidas sintéticos, foram identificados nas neblinas do Vale de São Joaquim, na Califórnia, em quantidades de centenas a milhares de vezes maiores do que se julgava possível! Essa dissolução de compostos tóxicos parece ser facilitada pelos detergentes, que também são encontrados nas gotículas.

Além do efeito nocivo que esses "nevoeiros químicos" podem provocar às vias respiratórias humanas e de outros animais, há um aspecto particularmente perigoso a ser considerado: as neblinas depositadas nas folhas de árvores e nas plantações de verduras e cereais comestíveis secam, deixando aí resíduos altamente concentrados de todos esses venenos. Consequentemente, ocorre a intoxicação de animais selvagens, que comem os vegetais nas florestas; do gado, que se alimenta de pasto contaminado, e até das pessoas, que consomem verduras, frutos, legumes, leite ou carne de gado envenenado.

11. A agricultura biológica

© Denis Nata/Shutterstock

HÁ HOJE EM TODO O MUNDO, principalmente nos países do norte da Europa — como a Dinamarca e a Alemanha —, e também no Brasil, um movimento favorável à produção de *alimentos "orgânicos"*, isto é, alimentos animais e vegetais em cuja produção não são utilizados agrotóxicos, hormônios, fertilizantes químicos ou qualquer substância estranha à natureza e ao meio ambiente. Desde 1985, a Comunidade Europeia — que congrega vários países da Europa — considera que o uso da agricultura biológica pode resolver vários problemas de saúde pública, que se originam da contaminação do solo, das águas e do ar pelos resíduos dos agroquímicos, cujo uso vem crescendo em todo o mundo.

Por enquanto, apenas uma pequena porcentagem dos agricultores aderiu a essa prática. Porém, quando as pessoas passam a procurar somente os produtos orgânicos para consumir, estabelece-se uma pressão cada vez maior para que os agricultores adotem os métodos biológicos. Em um levantamento realizado há quase vinte anos, verificou-se que cerca de um terço da população europeia prefere pagar mais por produtos livres desses tóxicos empregados na agricultura e na criação de animais. Hoje essa parcela, sem dúvida, já deve ser bem maior, uma vez que aumentou a oferta desses produtos, bem como sua popularidade. Afinal, ninguém deseja ingerir veneno, ao alimentar-se de verduras, frutas, cereais, leite, manteiga ou carne...

Paralelamente à pressão cada vez maior exercida pelos consumidores, aumenta o número de pesquisas — principalmente nos países do norte da Europa — para procurar melhorar a qualidade dos produtos "orgânicos".

Surgem também novas técnicas agrícolas que permitem dispensar o uso dos tóxicos. Para isso, essas técnicas levam em conta a natureza de cada região, com ela se harmonizando.

Uma dessas técnicas consiste em não plantar uma só espécie vegetal em uma grande área, pois, se aparecer uma praga que ataque esse tipo de planta, ela conseguirá destruir toda a plantação. Se, em vez disso, forem plantadas na mesma área diversas espécies, a praga que ataca uma espécie não será capaz de atacar também as outras. É o que se chama de *diversificação da cultura*.

Uma outra técnica empregada é a da *rotação de culturas*, em que se procura não repetir o mesmo tipo de cultivo no mesmo lugar, seguidas vezes. Assim, se houver uma praga no local, ela acaba morrendo, por não encontrar mais aquela espécie de planta que ela costuma atacar. Com essa técnica podemos ainda alternar uma planta produtora de nitrogênio (as leguminosas, como o feijão, a ervilha e outras que produzem vagens) com uma outra que consome nitrogênio, eliminando assim a necessidade de aplicação de grandes quantidades de fertilizantes químicos à base de nitratos, que, como vimos, são tóxicos.

Também o uso de fertilizantes orgânicos, como o esterco dos estábulos ou resíduos agrícolas submetidos à compostagem, constitui uma importante medida, em que se dispensa o uso de fertilizantes sintéticos.

Outra técnica, que já está sendo bastante empregada no Brasil, é o denominado *plantio direto*, em que, em vez de se remover todo o capim do local onde vai ser feita uma nova semeadura, procura-se plantar no meio da palha, a qual, além de sombrear e proteger as mudas, fornece húmus para o solo, ao se decompor.

Muitos consumidores reclamam que em geral os legumes, as verduras e as frutas produzidos pela agricultura biológica têm tamanho menor do que os produzidos com o emprego de agroquímicos.

Entretanto, pesquisas mostram que essa diferença de tamanho se deve simplesmente ao teor de água do produto. Uma fruta ou legume de menor tamanho, na verdade, pode possuir — e em geral possui — muito maior teor de sais minerais e vitaminas do que o produto de grande tamanho. Além disso, é mais saudável, pois, além de não ter agrotóxicos, como inseticidas, herbicidas, fungicidas etc., também não contém nitratos em quantidades tóxicas. Por essa razão, muitos supermercados já possuem prateleiras especiais de produtos "orgânicos", que estão sendo cada vez mais procurados pelos consumidores. Também muitos restaurantes já anunciam que seus alimentos provêm exclusivamente da agricultura biológica.

Finalmente, procura-se manter um equilíbrio biológico das pragas, mediante o uso de seres que as combatem naturalmente. Até nisso a agricultura biológica procura imitar a natureza! Embora essas mesmas espécies de pragas estejam presentes em bosques e florestas, nenhum deles se encontra completamente destruído pelas pragas, como acontece nas plantações. Isso porque nas florestas não ocorrem formações de uma só espécie — são sempre diversificadas, isto é, formadas de uma porção de espécies misturadas —, como também porque nelas existem os inimigos naturais das pragas, que, numa plantação, geralmente são destruídos por inseticidas, herbicidas e fertilizantes químicos.

© Delfim Martins/Pulsar imagens

Plantio direto de milho.

Há, por exemplo, uma famosa bactéria nos solos, chamada *Bacillus thuringensis*, que possui um enorme poder inseticida natural. Culturas dessas bactérias já vêm sendo utilizadas há muitos anos, para ser espalhadas nas plantações como meio de combate biológico às pragas. Existem ainda fungos microscópicos que eliminam certos vermes chamados *nematoides*, que costumam parasitar as raízes das plantas.

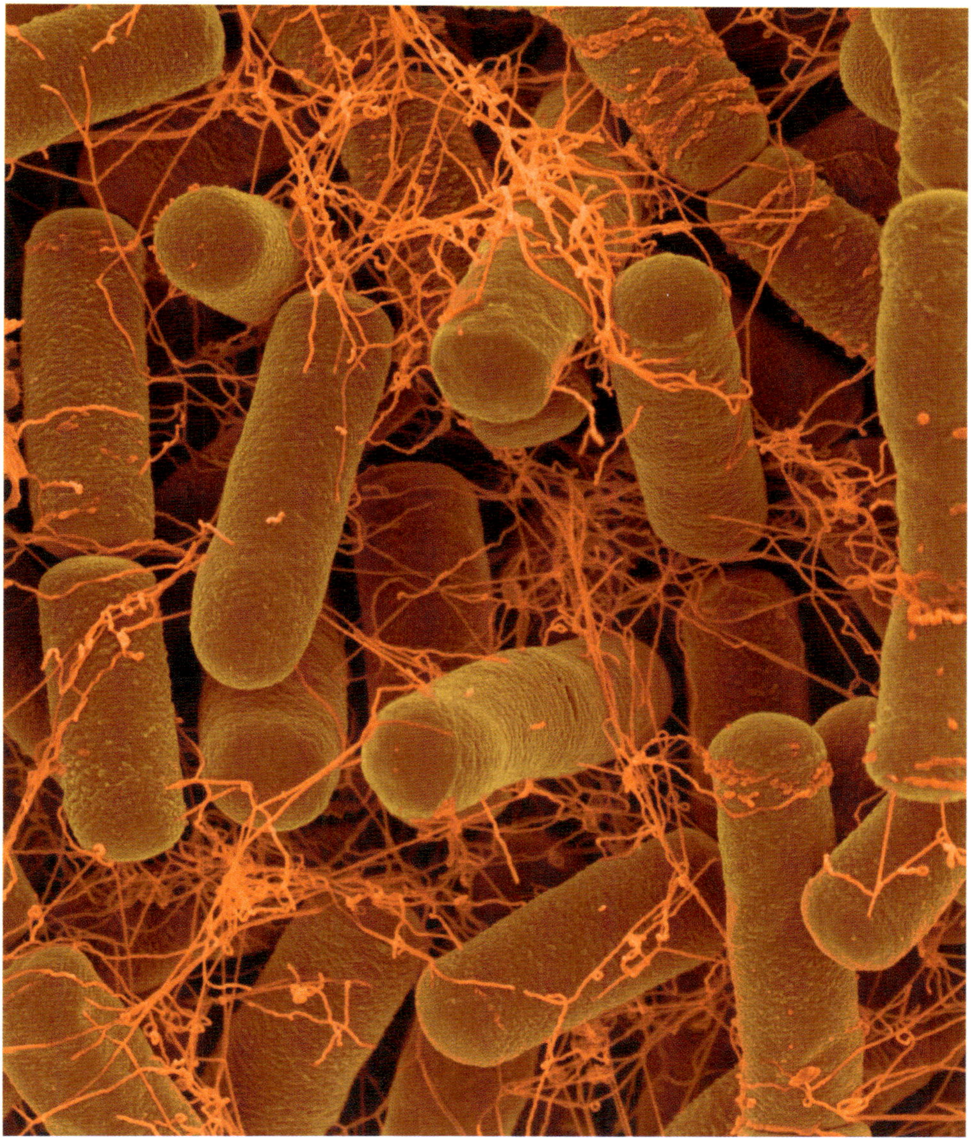

© Dennis Kunkel/Phototake/Glow Images

Bactéria *Bacillus thuringensis* vista ao microscópio eletrônico (aumentada 4.000x).

12. A engenharia genética

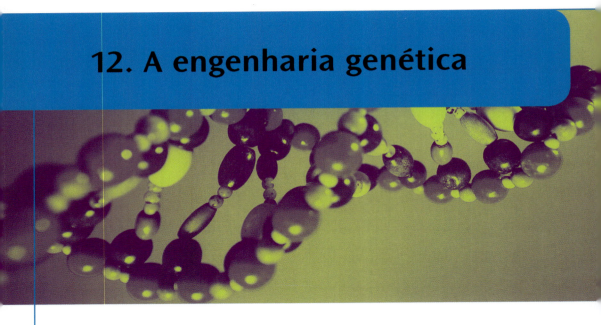

HÁ VÁRIOS ANOS VEM SE DESENVOLVENDO no mundo uma nova especialidade da biologia, denominada *engenharia genética*. O Brasil é um dos países pioneiros na descoberta desse novo caminho para a solução de inúmeros problemas biológicos, não só na agricultura, como também na pecuária e na saúde humana.

A genética é a parte da Biologia que estuda a transmissão dos caracteres de um indivíduo ou de uma espécie. Assim, se uma pessoa possui olhos azuis, cabelos louros, ou nariz chato ou pontudo — ou se ela é diabética ou hemofílica —, é porque ela possui, nas suas células, *genes* que lhe dão essas características.

Muitas plantas possuem, também, *genes* que as tornam imunes ao ataque de certas pragas.

Desse modo, se pudermos transferir um desses genes para uma planta que é muito atacada por determinada praga, ela pode tornar-se também resistente a essa. Trata-se, portanto, de uma maneira engenhosa de salvarmos muitas plantações. Um ser vivo que possui essa resistência às pragas e que é usado até mesmo como inseticida é, como já vimos, a bactéria *Bacillus thuringensis*. Assim, se conseguirmos transferir para a planta que queremos proteger o gene da bactéria responsável por essa resistência, podemos tornar essa planta também resistente. Aliás, já se obteve sucesso com essa experiência.

Esse e outros resultados do emprego da engenharia genética deram origem a plantas bem como a animais hoje designados *OGM*, que quer dizer "Organismo Geneticamente Modificado". Procura-se, sobretudo, por meio das modificações genéticas das plantas cultivadas, aumentar a produção de alimentos no mundo, isto é, gerar plantas mais resistentes às pragas, ou às secas e ao frio, que produzam maior quantidade ou melhor qualidade de frutos ou grãos. Experiências em que se tenta a introdução de certos genes específicos em animais também estão sendo realizadas, como genes que determinem maior produção de leite, ou leite com maiores teores de vitaminas, ou gado com maior resistência a certas doenças, e assim por diante.

© Alexander Raths/Shutterstock

Pesquisadores da engenharia genética trabalham incessantemente em busca de descobertas e soluções para o ser humano, plantas e animais.

Existem certas questões relacionadas com essas modificações genéticas que ainda não foram bem esclarecidas. Por exemplo: Será que as plantas resistentes aos insetos, por possuírem o gene do bacilo turingense que lhes dá essa imunidade, não irão, também, causar a morte de outras espécies de insetos não nocivas? Será que o pólen dessas plantas — transportado pelo vento, por abelhas, para outras plantas que não sofreram o mesmo tratamento — não irá produzir

Modelo da molécula constituinte dos genes (DNA), com sua forma característica de "dupla hélice".

uma infinidade de plantas não comestíveis, porém venenosas para as abelhas, que procuram suas flores para produzir o mel? Será, ainda, que essas plantas geneticamente modificadas, ao serem comidas pelas pessoas, não irão provocar reações alérgicas?

Todas essas perguntas têm sido, de uma maneira ou de outra, respondidas pelos defensores dos OGMs. Estes alegam, sobretudo, que os inseticidas tóxicos, empregados na lavoura em grandes quantidades, também matam insetos não nocivos ou até mesmo úteis, como as abelhas e os inimigos das pragas, e que os seus resíduos, que permanecem nos alimentos, também provocam reações alérgicas... Argumentam ainda que na própria natureza existem também transferências de genes de uma planta a outra, por intermédio dos vírus parasitas de plantas ou de outros processos... Na dúvida, os países têm obrigado o produtor a colocar no rótulo dos produtos obtidos por meio dessas técnicas inscrições que permitam ao comprador decidir sobre o seu consumo ou não. O que não é tão fácil, primeiro porque o consumidor, por não conhecer as experiências que vêm sendo realizadas, não tem condições, geralmente, de fazer sua escolha; segundo porque os grãos de cereais de que são feitas as farinhas, ou o óleo vegetal, já vêm misturados para a indústria, sendo impossível a sua separação em muitos casos.

Portanto, é necessário dar prosseguimento às experiências que possam comprovar a ausência completa de inconvenientes dessas plantas e produtos animais geneticamente modificados. Isso vem sendo feito da mesma maneira pela qual são realizadas experiências com novos remédios antes de serem lançados no mercado. Mas são possibilidades que não devem ser abandonadas, pois abrem largos caminhos à obtenção de maior produção de alimentos no mundo, com melhor qualidade e sem necessidade do emprego de substâncias tóxicas para o seu cultivo.

© Tony4urban/Shutterstock

Pequenas plantas *in vitro* em laboratório experimental de engenharia genética.

13. Os fertilizantes químicos

VOLTEMOS A FALAR UM POUCO SOBRE os ciclos da natureza. Todos os seres vivos são formados praticamente das mesmas substâncias, extraídas da terra, da água ou do ar. Essas substâncias, depois de usadas pelo ser vivo, têm que ser devolvidas ao meio ambiente, para que sejam novamente usadas por outros seres vivos. A esse processo contínuo de absorção, uso e devolução chamamos *reciclagem*.

Exemplificando: as folhas que caem continuamente das árvores em uma floresta são decompostas pelos micróbios do solo e reduzidas aos seus componentes químicos, os quais, em seguida, serão absorvidos pelas raízes das mesmas árvores ou de outras. Esse processo mantém a fertilidade da camada superficial dos solos nas florestas e em outras áreas naturais.

Nas áreas agrícolas tal processo não acontece. A razão é muito simples: sempre que plantamos algo — especialmente verduras, cereais, pastagens, cana-de-açúcar — temos por objetivo a colheita. Assim sendo, pouca coisa é reciclada. O potássio, o fósforo, o nitrogênio e os outros elementos que foram retirados do solo são removidos, na forma de madeira, frutos, folhas, canas e outros produtos que são transferidos para indústrias e mercados da cidade, onde são, respectivamente, processados e postos à venda para consumo.

© Fábio Colombini

Decomposição de folhas num solo da Amazônia.

Portanto, aquelas substâncias, denominadas *nutrientes,* têm que ser *adicionadas* ao solo na forma de adubos ou fertilizantes, que são basicamente classificados em dois tipos: os *orgânicos* e os *sintéticos,* ou *químicos*. Orgânicos são, por exemplo, os estercos de vacas, cavalos ou galinhas ou, ainda, o composto resultante do tratamento do lixo orgânico. Utilizando-os, estaremos fazendo uma certa reciclagem, mas, como isso ainda não é suficiente, torna-se necessário adicionar o adubo químico, isto é, o fertilizante sintético.

Os fertilizantes sintéticos consistem em misturas de substâncias minerais à base, principalmente, de nitrogênio, fósforo e potássio. Por isso são chamados em geral de *NPK* (N é o símbolo químico do nitrogênio; P, do fósforo; e K, do potássio). Esses três elementos químicos são os que mais fazem falta aos solos em geral.

Em capítulos anteriores, vimos que os solos precisam de matéria orgânica, principalmente na forma de húmus, aquela substância gelatinosa que, além de grudar e aglomerar os grãos de terra, formando grumos maiores, fixa e segura também os elementos nutrientes, como o nitrogênio, o fósforo e o potássio, impedindo que eles sejam arrastados pelas chuvas. Como não possuem matéria orgânica, os adubos químicos não garantem essa fixação, e grande parte dos elementos adicionados é dissolvida e transportada pelas águas das chuvas, sendo levada para os rios. Lembrando que, em média, as plantas não aproveitam mais que a terça ou quarta parte dos fertilizantes químicos aplicados... Além disso, não havendo formação de grumos maiores, acontecem dois fenômenos que agravam muito a ação das chuvas: as enxurradas e a erosão. No primeiro caso, o terreno, não ficando poroso, não consegue absorver bem a água da chuva, a qual começa a escorrer em muito maior quantidade sobre a superfície, formando as enxurradas, principalmente nos terrenos inclinados. No segundo caso, os grãozinhos de terra não aglomerados, por serem leves, são facilmente transportados pelas enxurradas, formando escavações no solo, ou seja, as erosões.

Portanto, a falta de reciclagem de matéria orgânica, que leva à ausência de húmus no solo, constitui a primeira causa da erosão e da necessidade de

© Fábio Colombini

Erosão do solo.

© Marco Gamborgi/Mafalda Press/Folhapress

Enxurradas causam transporte de grandes quantidades de solo fértil.

se adicionar NPK à terra para compensar a perda dos compostos minerais ou inorgânicos. Esses elementos, não tendo capacidade de se fixar ao solo, devem ser colocados em quantidades muito maiores para suprir o que é perdido com as chuvas.

Quais são as consequências desse desperdício? É o que veremos a seguir.

UM FENÔMENO DE INTOXICAÇÃO QUÍMICA

Nosso sangue possui um pigmento vermelho, chamado *hemoglobina*, que tem por função prender o oxigênio que respiramos e levá-lo dos pulmões a todas as células do corpo.

Pois bem: existem substâncias — os *venenos respiratórios* — que se combinam à hemoglobina, formando compostos que não prendem o oxigênio. Um tipo dessas substâncias são os compostos de nitrogênio chamados *nitritos*. Os nitritos combinam-se à hemoglobina do sangue formando a *metaemoglobina*. Essa substância não é capaz de transportar o oxigênio. A transformação, então, da hemoglobina em metaemoglobina no organismo provoca uma forma de anemia muito grave, chamada *metaemoglobinemia*. Essa doença, geralmente fatal em recém-nascidos, é conhecida como *bebê azul*.

De onde vêm esses nitritos tão perigosos? Eles podem ser originados da transformação dos nitratos. E os nitratos são os compostos de nitrogênio usados como fertilizantes, nos adubos sintéticos NPK.

Como vimos, o excesso de fertilizante químico aplicado nas áreas agrícolas é arrastado pelas chuvas e levado não só para os rios como também para as águas subterrâneas que alimentam os poços. Da reação entre os nitratos e as matérias orgânicas contidas no solo ou no poço pode resultar a formação de nitritos. Mas a forma mais frequente é a que se dá no interior do nosso próprio corpo.

Uma mãe, por exemplo, pode ter no seu leite altas concentrações de nitritos, por beber água que tenha concentrações elevadas de nitratos. Assim, sem saber, ela pode estar causando uma anemia grave no recém-nascido que toma seu leite! Por essa razão, a OMS, assim como a legislação sanitária de todos os países, proíbe a distribuição e o consumo de águas que tenham mais de dez partes por milhão (ou 10 miligramas por litro) de nitratos. Portanto, as águas distribuídas às torneiras da cidade não têm esse perigo, mas cuidado com as águas de poços!

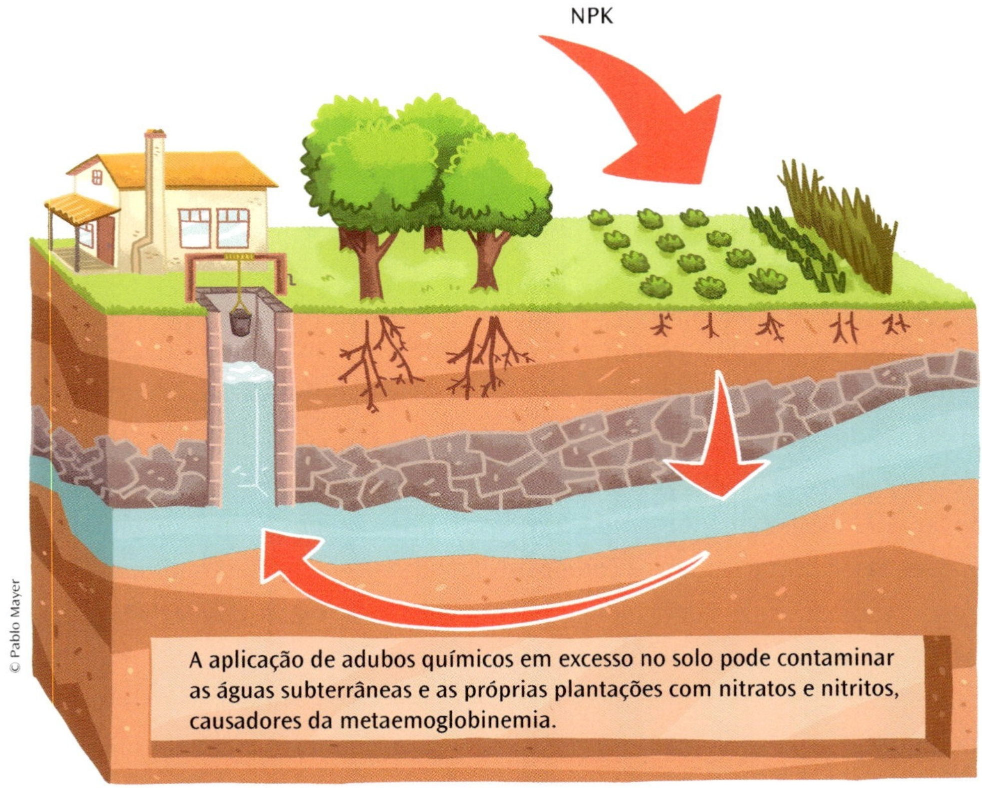
NPK
A aplicação de adubos químicos em excesso no solo pode contaminar as águas subterrâneas e as próprias plantações com nitratos e nitritos, causadores da metaemoglobinemia.
© Pablo Mayer

Há ainda uma outra forma de adquirir a metaemoglobinemia: é a que se faz a partir da adubação exagerada de verduras. Algumas verduras, como a alface e, principalmente, o espinafre, quando plantadas em solo que contém excesso de nitratos, absorvem e concentram, também em excesso, esses nutrientes. Os nitratos, nos processos industriais de enlatamento e conservação dos alimentos ou durante a conservação das verduras na geladeira, transformam-se em nitritos. A formação desses tóxicos pode ainda se dar em nosso intestino, quando comemos verdura.

Vários casos de metaemoglobinemia têm ocorrido em vários países da Europa. Em São Paulo já tem sido verificado, com frequência, o excesso de nitratos e de nitritos em verduras, pelos laboratórios especializados no exame de alimentos, como o Instituto Adolfo Lutz. Por essa razão, recomenda-se que as verduras sejam cozidas em panelas grandes, com bastante água, que depois deve ser jogada fora, pois os nitratos tendem a sair das verduras e se acumular nessa água do cozimento.

14. O adubo no lugar errado

UMA QUESTÃO IMPORTANTE A SER LEMBRADA é a da *eutrofização das águas*. Já vimos que a colocação de certas substâncias químicas no solo aumenta sua fertilidade, fazendo com que ele produza mais vegetais. Isso acontece principalmente quando adicionamos nitrogênio, fósforo e potássio.

Pois bem: o mesmo ocorre com as águas. Se os rios, os lagos ou até mesmo o mar receberem quantidades significativas desses elementos (principalmente de nitrogênio e de fósforo), suas águas vão se tornar adubadas, ou melhor, *eutrofizadas*, e produzirão grandes quantidades de algas, transformando a água em um verdadeiro "caldo verde". Você já deve ter observado isso em um aquário, por exemplo.

O termo *eutrófico* significa bem alimentado. Eutrofização é, portanto, a alimentação das águas. Há muito se observou que a quantidade de peixes e outros animais num rio ou lago depende, basicamente, da existência desses seres microscópicos verdes — as algas —, que lhes servem de alimento. Só mais recentemente é que se descobriu que a causa do maior ou menor crescimento de algas está ligada à maior ou menor concentração de nitrogênio e fósforo. A água eutrófica é, pois, aquela que, recebendo mais nitrogênio e fósforo, possui maior quantidade de algas e, consequentemente, maior número de seres que se alimentam delas.

© Featurechina/Newscom/Glow Images

Água eutrofizada ("caldo verde"), com quantidade muito grande de algas.

Nesse caso, a eutrofização é uma boa coisa! Mas também é verdade que tudo que é demais se torna prejudicial; até o oxigênio, como já foi visto.

Quando as algas ou outros vegetais aquáticos maiores, como os *aguapés*, se desenvolvem demais, começam a formar massas de matéria vegetal que, por estarem em excesso, não são consumidas por peixes e outros seres aquáticos e apodrecem, causando um consumo muito elevado de oxigênio, poluição, mau cheiro. Isso acontece em qualquer ambiente aquático, provocando grande mortandade de peixes!

Além de ser causada pelo arrastamento de adubos, pelas chuvas, quando estes são colocados em excesso, quando mal aplicados ou quando colocados em época errada, a eutrofização pode também ser provocada pela poluição. Os esgotos das cidades contêm quantidades apreciáveis de fósforo e nitrogênio, por isso, podem ser utilizados como adubo. Muitos tipos de resíduos de indústrias, como frigoríficos, matadouros, metalúrgicas e, naturalmente, indústrias de adubos sintéticos, também possuem nitrogênio ou fósforo em sua composição.

Em alguns casos a eutrofização pode causar o desenvolvimento de algas nocivas. Algumas produzem forte sabor de remédio em águas de abastecimento; outras, muito piores, são tóxicas, isto é, venenosas, e impedem assim o uso da água. O mesmo pode ocorrer no mar: geralmente as algas microscópicas marinhas que são tóxicas têm cor vermelha e, quando ocorrem em grandes quantidades, tornam o mar avermelhado, dando origem ao fenômeno conhecido como *maré vermelha*. Nessas ocasiões, não é aconselhável comer peixes e principalmente mexilhões e ostras dessas regiões, pois, por acumularem toxinas no seu organismo, podem causar intoxicações violentas nas pessoas que os consumirem.

A COMPOSTAGEM E A ADUBAÇÃO NATURAL

A *compostagem* é um processo que vem sendo copiado da natureza há milhares de anos. O resultado é a produção de adubos de ótima qualidade — porque são orgânicos, constituídos sobretudo de húmus — a partir dos resíduos indesejáveis da cidade ou do campo. Lixo orgânico, palha e resíduos da agricultu-

© Delfim Martins/Pulsar Imagens

Antiga fábrica de composto na Vila Leopoldina, São Paulo.

ra, esterco, ou resíduos orgânicos de algumas indústrias, como o bagaço de cana, podem facilmente ser transformados em um tipo de adubo chamado *composto*, o qual apresenta inúmeras vantagens sobre os adubos sintéticos, como já vimos.

No processo de compostagem, assim como em muitos outros processos industriais, como a fermentação do leite (para produção de coalhadas e queijos) ou de cereais (nas fábricas de cerveja ou nas padarias), o trabalho todo é executado por seres minúsculos, que são as bactérias e fungos microscópicos. São esses seres que atacam a matéria que encontram no lixo orgânico, fermentando-a, dissolvendo-a e transformando-a em húmus, do mesmo modo pelo qual o fazem os micróbios do solo, sob as árvores das florestas. É por isso que não encontramos montanhas de lixo sob as árvores dos bosques, apesar de as folhas estarem caindo há milhares de anos. É por isso também que ninguém precisa se preocupar em aplicar adubos no solo de bosques e florestas...

Mas os micróbios que atacam o lixo orgânico ou as folhas podem fazer mais do que apenas fermentar esse material, formando a "terra vegetal", aquela terra preta que os jardineiros gostam de colocar nos seus canteiros. Algumas bactérias são capazes, além disso, de retirar nitrogênio do ar, para enriquecer ainda mais o adubo. Outras são capazes de dissolver os fosfatos encontrados em certas rochas, completando, assim, a composição de um adubo de excelente qualidade, não só por fornecer esses elementos às plantas, como também por afofar a terra, graças ao material fibroso de que é formado o composto, tornando-a mais permeável à água e ao oxigênio indispensáveis às raízes. E mais: quando esses elementos indispensáveis à alimentação dos vegetais estão ligados à substância gelatinosa do húmus, eles não são levados pelas águas de chuvas. Há assim uma grande economia desses alimentos e não se corre o risco de eutrofização dos rios e de envenenamento das águas com nitritos.

O processo de compostagem constitui uma maneira excelente de dar destino útil ao lixo orgânico das cidades, causador de tantos problemas de poluição e transmissão de doenças, assim como aos resíduos orgânicos das próprias fazendas, evitando que estes produzam moscas ou sejam abandonados à beira de córregos, provocando a sua poluição.

Finalmente, é importante lembrar que a produção de diferentes tipos de produtos sintéticos, sua composição química e seu uso podem trazer benefícios, mas também graves consequências aos alimentos, quando mal utilizados. Há uma história famosa que exemplifica bem essa questão de "mexer" com as coisas da natureza, tentando modificá-las:

O caso da vaca louca

Desde a década de 1980 a Inglaterra vem se apavorando com uma nova doença do seu rebanho bovino, denominada *síndrome da vaca louca*. Trata-se de uma doença do sistema nervoso que, após um longo período de incubação, manifesta-se por sintomas como dificuldades de caminhar, além de outros sintomas nervosos, terminando sempre com a morte do animal.

Examinando o cérebro desses animais, com auxílio de microscópios, observou-se que, entre as suas células normais, apareciam espaços vazios, dando aos tecidos nervosos o aspecto de uma esponja, o que originou a denominação científica de *encefalopatia espongiforme*. Doença semelhante já era conhecida em carneiros e recebia o nome de *tremor*, ou *tremedeira*, mas era muito rara e de difícil transmissão. Diferentemente, a doença da "vaca louca" causou, na Inglaterra, a partir da década de 1980, a morte de cerca de 200 mil bovinos. Além disso, como o gado é criado para fornecimento de carne, há a possibilidade de essa doença ser transmitida aos seres humanos!

Depois de muitos estudos, verificou-se que tal doença não é causada por nenhum micróbio, e sim por proteínas modificadas, que receberam o nome de *príons*, adquiridas pelo gado quando ele se alimenta por canibalismo, isto é, quando é adicionada carne de vaca na sua ração! Acontece que, para tornar mais barata a produção de rações animais, várias indústrias começaram a aproveitar ossos e outros produtos desprezados pelos matadouros e frigoríficos.

Assim, a doença passou a ser transmitida de um animal para outro por meio dessa alimentação artificial, quando as indústrias resolveram transformar animais herbívoros em canibais! O curioso é que os únicos casos de seres humanos portadores de uma doença semelhante ocorrem entre tribos antropófagas da Nova Guiné, onde ela é conhecida como *kuru* (que significa exatamente *tremedeira*, na língua nativa). Lá essa doença está desaparecendo desde que os nativos começaram a abandonar os seus hábitos antropofágicos...

Essa é mais uma lição que aprendemos de como não se pode "brincar" com a natureza dos animais e das pessoas. Se não for precedida de experiências muito bem elaboradas dos efeitos sobre a nossa saúde, antes de entrar no mercado, essa infinidade de novos produtos químicos nos alimentos de origem vegetal e animal pode gerar problemas semelhantes a esse das "vacas loucas", pois ninguém imaginava que algum veneno ou substância nociva estivesse sendo introduzido na alimentação do gado e muito menos que ele pudesse causar um dano tão grande! Principalmente porque, não se tratando de nenhum micróbio vivo — mas apenas os agentes infecciosos denominados *príons* —, mesmo que essas rações sejam bem esterilizadas, a doença se transmite da mesma forma.

© YanLev/Shutterstock

A MAIOR LIÇÃO QUE PODEMOS TIRAR de todas essas histórias e informações aqui relatadas ainda é a frase de Paracelso, famoso médico da Idade Média, já citada: "A quantidade é que faz o veneno!".

Vimos que tanto os inseticidas quanto os herbicidas ou adubos têm sido muito úteis à humanidade, por permitirem um aumento da produção de vegetais; portanto, produção de maior quantidade de alimentos. Além disso, têm auxiliado no combate a doenças — como o tifo e a malária —, reduzindo muito seus efeitos devastadores.

Entretanto, percebemos os graves inconvenientes que a utilização errada ou exagerada desses produtos vem causando: intoxicações, má formação em recém-nascidos, destruição de animais úteis, alterações nas cadeias biológicas e nos ciclos ecológicos. Pode-se dizer que, em decorrência de sua má aplicação, não existe qualquer ambiente na Terra que não contenha doses maiores ou menores de compostos sintéticos tóxicos.

A solução para esse problema está na dosagem correta das coisas, como dizia Paracelso. Em dosagens corretas, o veneno pode tornar-se remédio; em dosagens erradas, o remédio torna-se um tóxico destrutivo!

Em muitos casos, como vimos, não há necessidade do emprego de agroquímicos: basta manter o equilíbrio biológico, desenvolver os predadores naturais, diversificar a vegetação, reciclar os elementos da natureza. Quando isso não é possível, podem ainda ser usadas as armadilhas ou iscas químicas, que atraem o inseto para o veneno, em vez de distribuir o tóxico em grande quantidade, até mesmo em lugares onde ele não é necessário. Havendo a imperiosa necessidade de sua aplicação, esta deve ser feita em doses mínimas, na época mais adequada e com todos os recursos e precauções para a proteção de pessoas, animais e do meio ambiente.

Por último, não se deve escolher, principalmente para uso doméstico, o veneno mais forte, mais duradouro ou de mais fácil aplicação, mas sim o mais inofensivo à saúde e o de menor duração possível no ambiente. Acima de tudo, deve-se escolher aquele que mais se assemelha às substâncias e aos processos usados pela própria natureza.

© Dan Kosmayer/Shutterstock

É preciso muita responsabilidade para alterar geneticamente a natureza. O ser humano, os animais e as plantas agradecem.

CARSON, R. *Primavera silenciosa*. São Paulo: Gaia, 2010.

COLIN, R. T.; BEGON, M.; HARPER, J. L. *Fundamentos em Ecologia*. Porto Alegre: Artmed, 2006.

FAJARDO, E. *Ecologia e cidadania* – se cada um fizer a sua parte. São Paulo: Senac, 2012.

GUEVARA, A. J. H. et al. *Conhecimento, cidadania e meio ambiente*. São Paulo: Fundação Petrópolis, 1998. v. 2.

MILLER, G. T.; SPOOLMAN, S. E. *Ecologia e sustentabilidade*. São Paulo: Cengage Learning, 2012.

PENTEADO, H. D. *Meio ambiente e formação de professores*. São Paulo: Cortez, 2010.

VEIGA, J. E. (Org.) *Aquecimento global*. Frias contendas científicas. 2. ed. São Paulo: Senac, 2008.

MAGOSSI, L. R.; BONACELLA, P. H. *Poluição das águas*. São Paulo: Moderna, 2003.

MARTINS, M. H. P. *Eu e os outros* – as regras de convivência. São Paulo: Moderna, 2001.

RODRIGUES, F. L.; CAVINATTO, V. M. *Lixo, de onde vem? Para onde vai?* São Paulo: Moderna, 2003.

RODRIGUES, R. M. *O solo e a vida*. São Paulo: Moderna, 2005.

———. *Vida na Terra* – conhecer para proteger. São Paulo: Moderna, 1997.